市民力ライブラリー

「藤里方式」が止まらない

弱小社協が始めたひきこもり支援が
日本を変える可能性?

菊池まゆみ●著

萌書房

〈市民力ライブラリー〉の刊行によせて

近年とみに、価値の流転が著しい。主権国家ですら、その存在意義が問われる時代にあって、政府と市民の関係も変容を免れない。豊かさの指標が、人の温かさや思いやりにまで広がってきたこととも関係するが、政府と市民の関係を二項対立的にとらえるだけでは、市民の豊かな暮らしは創れない。対峙するだけでなく、ある時は協力、協調し、またある時は競争、競合するといった、重層的・複合的な関係性のなかでとらえていく必要があるだろう。これは市民にとって、自らの力が試されることでもある。こうした市民の力を発掘し、育むのが、〈市民力ライブラリー〉である。

市民力の同義語は、民主主義だと思う。私たちは、民主制社会に暮らしているが、アテネの昔から、この制度は扱いが難しい仕組みである。気を抜くとあっという間に崩壊し、人々を傷つけることになる。民主制が有効に機能するには、市民一人ひとりの自律性と、共同体の事柄を我がことのように思う貢献性が求められるが、民主主義のありようが問われている今日だからこそ、市民力を基軸に新しい社会を創っていこうではないか。

〈市民力ライブラリー〉と銘打ったのは、今後も継続するということである。市民にとって有用な知識や知恵を間断なく提供し続けたいと思う。それには、持続可能なシステムとたゆまぬ努力が必要になる。商業出版であることを意識し、その強みを活かしたと思う。

〈市民力ライブラリー〉であるから、論者は研究者にかぎらない。さまざまな市民力の書き手が現れることも期待している。

二〇〇九年五月

松下啓一

はじめに

世の中の常識を、少しばかり変えたいなと思っているのですよ。小さな田舎町の社会福祉協議会（以下、「社協」と略記）に勤務する、定年間近のくたびれたオバサンが、です。

多くの方々が、日常に不満を抱え将来に不安を抱え、幸せを感じ取れずにいるようです。生活とはそんなもので、それが常識だという思い込みがあるようです。だから、その常識や思い込みを、少しばかり変えてみたいと思っているのです。それが私の大いなる野望で、もちろん、達成する気満々です。

福祉職は、色々な不幸を目にする機会が多いのです。お金のない不幸、病気に苦しむ不幸、年を取って体力も気力も記憶力も衰えていく不幸、障害を抱える不幸等々。この世には数多くの不幸が日常的に存在しています。ただ、そんな不幸を抱えた人たちすべてが、不幸せを感じているかと言えば、そうでもありません。病気でもお金がなくても幸せに生きている人は大勢います。

反面、お金があっても健康に恵まれていても、不幸せと感じている人も大勢いるのです。

だから、個々の感じ方・気の持ち方の問題だから、考え方を変えよう！　と、そんな話ではありません。むしろ、逆。

幸せを感じ取れない人たち、それは、個人の努力で解決できる問題ではないのかもしれない。福祉の相談職として、幸せを感じ取れない多くの方々に接しながら、漠然とした思いがありました。そして、ひきこもり等支援事業に着手してから予想以上の困難や誤算に出遭い、個々人の問題ではなく社会の問題と考えるべきかもしれないと思い始めました。その思いは、当社協のひきこもり等支援事業が注目されて視察研修や講演依頼が増え、全国の様々な現場の実情を知るほどに、確信に変わっていきました。

ですから、私自身は社会改革に乗り出した気でいるのです。とはいえ、大層なことを目指している訳ではないのです。ほんの少しだけ、皆さまが常識だと思い込んでいることに、疑問を投げかけたいのです。本当にそうなのですか？　絶対に変えられないことなのですか？　絶対に変えてはいけないことですか？　それほどのことなのですか？　と。

本当に些細なこと。例えば、素敵なハイヒールを誰がどんな場面で履くのか、その時々の心情を思い描いて下さい。美しい若い女性がパーティ会場で履くハイヒール。幼稚園児と保護者のゴミ拾いボランティア活動で、ジャージ姿のママが履くハイヒール。厚手の靴下に長靴が定番の雪国の田舎町のスーパーで、おばさんが履くハイヒール。大会社の重要な役員会で、背広姿の年輩紳士が履くハイヒール。その人その場面によって、誇らしさだったり、戸惑いだったり、羞恥だったり、様々な心情を思い描くことができるはずです。

でも、どうして？　同じ、素敵なハイヒールなのに。そして、たかがハイヒールというハキモノなのに。何か変だと考えてしまうのは、私だけでしょうか？

そして私は、ハイヒールにまつわる常識や思い込みを、ほんの少し変えてみれば面白いと思うのです。ハイヒールはお洒落な靴で女性が履く靴、等々の思い込みを取り払ってしまえば、どんなことになるでしょうか？　お洒落な靴という思い込みがあるから、気合を入れてパーティ会場に乗り込み誇らしさを感じるのだけれど、思い込みがなくなれば、少々不便な靴？　それだけ？　不便さや痛さを我慢する必要があるのかしら？　女性用のハイヒールを社会的地位のある紳士が履く非常識行為と、恥辱を感じるけれど、思い込みがなければ、時には変わったデザインや派手な色の靴が好きか嫌いか、単に個人の好みの問題になりますよね？

お洒落な履物の定番が草履からハイヒールに変わったように、今後も同じように時代の要求に応じて変わっていくでしょう。そして、その変化をただ待っている必要はないと思うのです。

そこで私は、ハイヒールの常識ではなく、福祉の常識を変えたいと、切実に願います。それは、福祉の対象の一部の人たちのためではなく、福祉の対象にはなりたくないと考えている大多数の人たちのために、是非必要なことだと考えているのです。

ここ数年、当社協のひきこもり等支援事業が、注目されると同時に、全国から様々な意見を頂くようになりました。

ひきこもり支援を頑張ってほしいと、熱く声をかけて下さる若い人たちが、驚くほどに多くいます。運よく現在の職に就けたけれど、そうでなければ自分もひきこもっていたと思うから。今は良いけれど、自分もいつ職を失い、ひきこもりになるかもしれないから。不思議です、若者は何故、ひきこもりを自分のことのように話すのでしょう？

ひきこもり支援には反対だとおっしゃる方もいます。職を失うまいと歯を食いしばって少ない収入で何とか暮らしている自分には、ひきこもりができる・そんな甘えが許される人たちは自分よりマシで、我儘《わがまま》としか思えないのだと。不思議に思うのです。職があることを、生活が成り立っていることを幸せとは思えずに、現在ではない将来の不安に脅え、ひきこもっている人の方がマシと思うほどに追い詰められている人が多くいることに。

何かがおかしいと思うのです。そして、私でもできることがあるはずだと思うのです。

取りあえず、私が職務で出遇った現実の様々な不幸を学んで下さい（個人情報保護のため、個人や団体が特定できないように修正を行います）。皆さまが怖れる不幸・避けたい不幸・そうはなりたくないと思っている不幸な境遇。それらの不幸をまず、きちんと知って下さい。その時に初めて、怖れているものの正体が分かるのかもしれません。私の頭には、「案ずるより産むがやすし」の言葉が思い浮かんでいます。

そして、その先には……。

菊池まゆみ

二〇一五年三月

「藤里方式」が止まらない——弱小社協が始めたひきこもり支援が日本を変える可能性？——＊目次

「藤里方式」が止まらない

――弱小社協が始めたひきこもり支援が日本を変える可能性？――

1 藤里町社会福祉協議会の今昔

――まずは背景の説明です――

モテ期の今だから

秋田県の北部、白神山地の南玄関に位置する藤里町は、人口三六〇〇人余、高齢化率四二％強の過疎の町です。藤里町社会福祉協議会は今、ひきこもり者等支援の取り組みが成果を出していることで、福祉分野以外からも注目を頂いております。

そして、藤里社協および藤里社協常務理事の私（二〇一三年度までは事務局長職でした）は、何故か今、モテ期らしいのです。

二〇一二年に当社協が発刊した『ひきこもり　町おこしに発つ』（秋田魁新報社）という本は、

誰にも読んでもらえないだろうという大方の予想を裏切り売れ行きも好調で、今年増刷となりました。私自身も、事業の先導役としてテレビや新聞に取り上げられ、次々に講演依頼等が入っております。さらに、二〇一五年に施行される「生活困窮者自立支援制度」の対応に苦慮している市町村に向けて、新制度に先駆けた成功モデルとして厚労省により当社協を紹介して頂いているようで（**参照1**）、視察依頼等がますます増えています。

そんな現象に驚くと同時に戸惑っています。私たち、何か特別なことをした訳ではないのですが……。

ですから、講演の機会を頂くたびにいつも、伝えきれないもどかしさや伝わらない歯がゆさを感じているのです。先進地・藤里社協の常務として実践発表や講演の依頼を受ければ、それなりに期待にお応えする話になります。そうですよね？　後進地事例が聞きたくて呼んで下さるはずがありませんものね。

ですが、素晴らしい先進地事例としての話を終えるといつも、苦い思いがこみ上げます。違う！　私が言いたいことは、話したいことはこんなことではない！　と。

自分とは違う世界の、先進地と呼ばれる縁遠い話だと、仰ぎ見てほしい訳ではありません。他では真似のできない素晴らしい取り組みだと、誉めてほしい訳でもありません。あの藤里社協が

参照1　厚生労働省説明会資料より

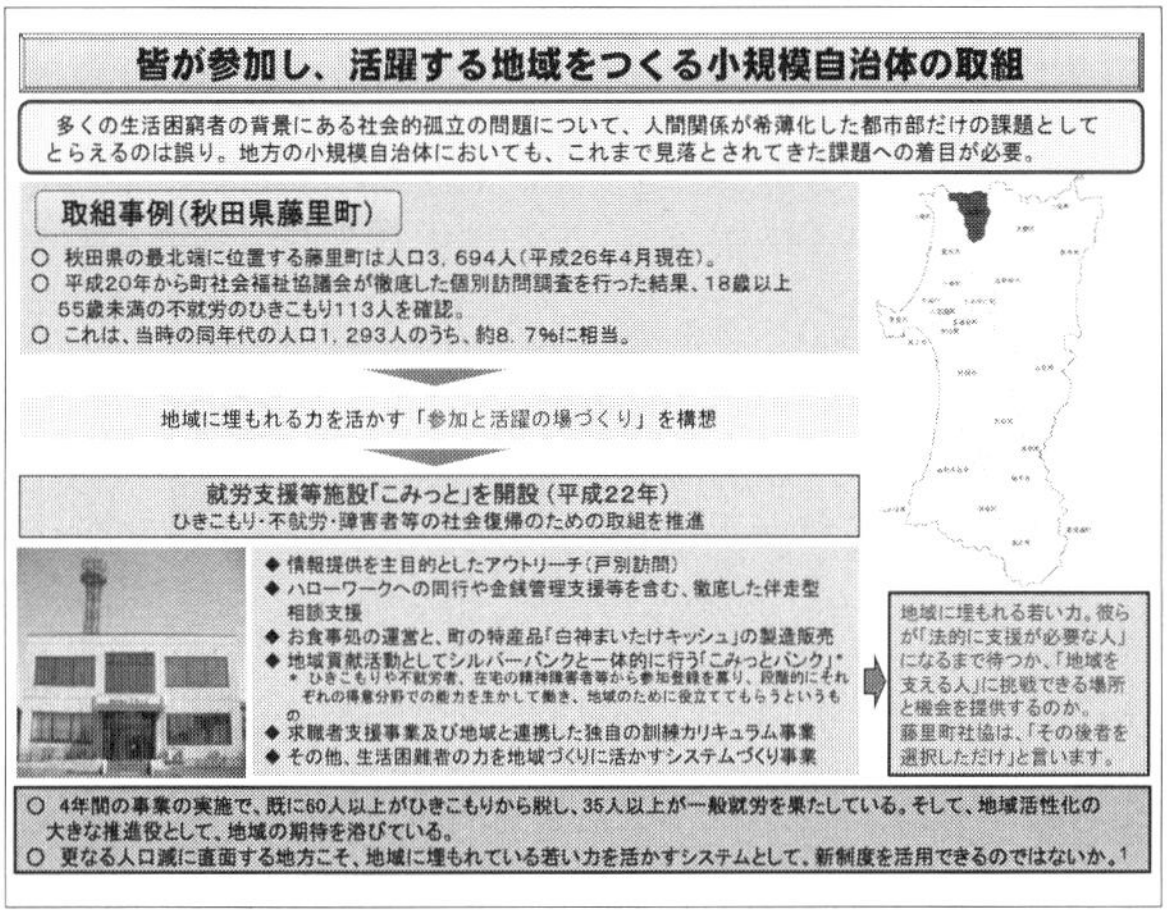
皆が参加し、活躍する地域をつくる小規模自治体の取組
多くの生活困窮者の背景にある社会的孤立の問題について、人間関係が希薄化した都市部だけの課題としてとらえるのは誤り。地方の小規模自治体においても、これまで見落とされてきた課題への着目が必要。
取組事例（秋田県藤里町）
○ 秋田県の最北端に位置する藤里町は人口3，694人（平成26年4月現在）。
○ 平成20年から町社会福祉協議会が徹底した個別訪問調査を行った結果、18歳以上55歳未満の不就労のひきこもり113人を確認。
○ これは、当時の同年代の人口1，293人のうち、約8．7%に相当。
地域に埋もれる力を活かす「参加と活躍の場づくり」を構想
就労支援等施設「こみっと」を開設（平成22年）
ひきこもり・不就労・障害者等の社会復帰のための取組を推進
◆ 情報提供を主目的としたアウトリーチ（戸別訪問）
◆ ハローワークへの同行や金銭管理支援等を含む、徹底した伴走型相談支援
◆ お食事処の運営と、町の特産品「白神まいたけキッシュ」の製造販売
◆ 地域貢献活動としてシルバーバンクと一体的に行う「こみっとバンク」*
* ひきこもりや不就労者、在宅の精神障害者等から参加登録を募り、段階的にそれぞれの得意分野での能力を生かして働き、地域のために役立ててもらうというもの
◆ 求職者支援事業及び地域と連携した独自の訓練カリキュラム事業
◆ その他、生活困難者の力を地域づくりに活かすシステムづくり事業
地域に埋もれる若い力。彼らが「法的に支援が必要な人」になるまで待つか、「地域を支える人」に挑戦できる場所と機会を提供するのか。
藤里町社協は、「その後者を選択しただけ」と言います。
○ 4年間の事業の実施で、既に60人以上がひきこもりから脱し、35人以上が一般就労を果たしている。そして、地域活性化の大きな推進役として、地域の期待を浴びている。
○ 更なる人口減に直面する地方こそ、地域に埋もれている若い力を活かすシステムとして、新制度を活用できるのではないか。
1

できたことなら自分たちにできないはずがないと、そう思って頂きたいのです。

ただ、そうなるためには……。

この本の内容は、藤里社協常務理事として講演で発表している事柄が中心になりますが、それだけではなく、個人「菊池まゆみ」のエッセンスを盛りだくさんに入れるつもりです。個人的エッセンスとは何か。地域福祉実践現場で頑張っている方々に向けた、私の親ゴゴロとでも思って下さい。当藤里社協職員に対しては、常にまんべんなく発揮してきた私の親ゴコロで、少し辛口かもしれませんが。

よく分からないままに先進地と呼ばれて発信する機会を頂いている今のうちに、きちんと発信できればと思います。世間の常識を変

えたい。そんな大いなる野望が達成できるかどうかは別として、伝えるべき機会は今なのでしょう。

そして今は昔の物語

この話を始めると、一〇年以上のベテラン職員には露骨に嫌な顔をされ、それ以外の職員には自分とは関係ないと軽く受け流されております。当社協にできたことなら、他の機関・団体にできないはずがない。それは言葉のアヤではなく、以前の藤里社協を考えれば、単なる事実なのです。

参照3の通り、小さな過疎の町で職員は五二名。介護保険事業所の職員が多いことや、パート職員比率が高いことを差し引いても、社協職員数は多いのかもしれません。それはこの一〇年余、事業が増え続けても正職員採用の許可が貰えず、パート職員の増員でしのいできた結果で、予算は潤沢ではありません。私の自慢は職員数ではなく、社会福祉士・精神保健福祉士・介護支援専門員・介護福祉士等の有資格者の比率が高いことです。町内在住が条件のパート採用が主ですから、採用時は殆どが高卒の無資格者で、社協に入ってから働きながらの勉強で得た資格です。

参照2　藤里町の概況

2015年1月現在

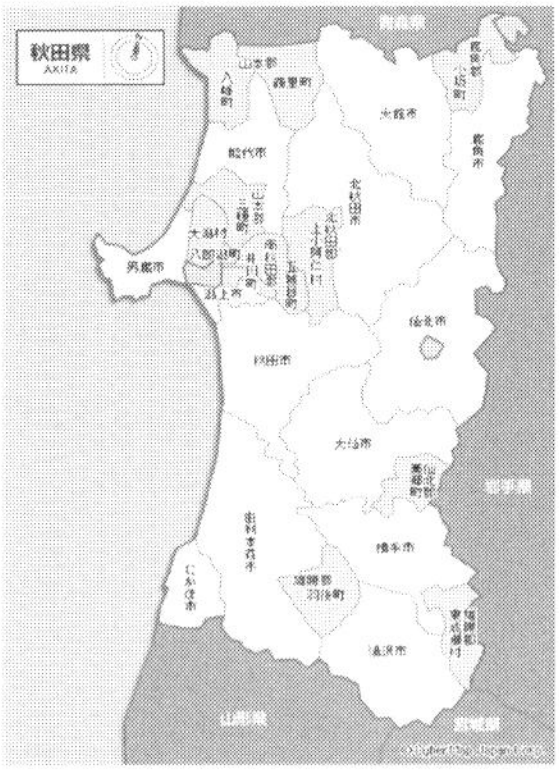

藤里町の面積	281.98平方km	町の総面積の9割は山林原野
人口	3，623人	
世帯数	1，441世帯	
65歳以上	1，545人	
高齢化率	42．64％	全県で2位
26年度 行政一般予算	33億	社協予算 2億7千万

参照3　藤里社協の職員体制

2015年1月現在

部門名	職員数	資格取得状況
総務 地域福祉	10人	・社会福祉士　12人 ・精神保健福祉士　6人 ・正・准看護師　4人 ・介護支援専門員　17人 ・介護福祉士　26人 ・保育士　2人
こみっと・くまげら	8人	
相談支援	8人	
デイサービス	16人	
ヘルパー ぷなっち・配食	10人	
合　計	52人	

近隣の福祉関係の方々からは、当社協職員の質の高さを褒めて頂きます。「藤里社協は優秀で意欲的な職員が揃っているから、先駆的事業にも取り組めるだろう」とか、「ウチにも、藤里社協のような職員がいてくれれば、何とかなるのだが」とか。そんな見当違いの褒め言葉は、残念に思っています。

優秀で意欲的な職員を集めた訳ではないのです。それどころか、十数年前に私が事務局長に就任した頃は、意欲どころの話ではありませんでした。

デイサービス職員が泣き声で、「常務！（混乱を避けるため、会話での呼称は当時の役職名の「事務局長」ではなく、現在の役職名の「常務」で記載します）だって、○○さんは車椅子の人ですよ？　私たちが車椅子の人の介護なんて、できないのを知っているくせに、どうして意地悪言うのですか？」と。ヘルパーは、ただキョトンとして、「だって、その時間は昼休みですよ？訪問は無理に決まっています」と。そして、ケアマネ資格に挑戦する職員がいないために、私はケアマネ兼務の事務局長職という激務を五年以上も続ける羽目になっていました。職員たちの言い分は、「だって、常務を見ているとケアマネは大変そうで、私たちには無理です」でした。

そんな言い分がまかり通る社協でした。職員にしてみれば、そんな職場だと思い込んでいた所へ、事務局長が代わった途端に、それまでの仕事をすべて否定されて変化を押し付けられ、大変だったと思います。藤里社協の職員は、最初から意欲に溢れていた訳でもなく、ましてや資質や能力に恵まれていた訳ではありません。

ですから、そんな藤里社協職員にできたことは、他の市町村他の機関にできないはずがないと思うのです。

余談ですが、資格についての私の考え方を申し上げます。

確かに私は、福祉の現場で真面目に一生懸命頑張っている職員すべてに、取れる資格はすべて取ってほしいと思っています。ですが、有資格の職員の方が優れていると思っている訳ではないし、趣味のように資格取得を目指す人には疑問を感じてもいます。

ただ、資格がなくてもできる仕事と思われている限り、福祉職に対する評価は低いままだと思うし、有資格でなければできない仕事に変わる時が来るはずです。だから、現場で頑張る職員にはすべて、職場の経験年数で受験できる今のうちに、資格取得に挑戦してほしいと思っているのです。ですから、資格取得を強制した・奨励したと言うより、資格取得を目指す職員に対して支援する仕組みを作っただけなのです。

福祉サービス事業の基本は「人」だと考え、「人づくり」が管理職の主な業務だと考えたら、資格取得奨励は取りあえず分かりやすく着手しやすい業務でした。

ただ、ひきこもり支援は小さな町だからできたこと、組織改革は小さい組織だからできたことと言われますが、それには反論があります。考えてみて下さい。住民同士の匿名性のない小さな町で、タブー視されている「ひきこもり」問題に取り組む困難さを。資質・能力の優れた職員を集めるという発想のない、長年の慣例がまかり通る小さな組織で、顔が見えすぎる者を相手に意識改革・組織改革を行う抵抗の強さを。

大きい町だから、小さい町だからという論は、それぞれの町に適した方法論の違いで、できるできない論はまったく別物だと思います。また、できない言い訳に町の大きさを持ち出す方は、「できない」ではなく「やらない・やろうとしない」が習性で、それがまかり通る職場の方が多いようです。

「やらない・やろうとしない」場合は「やろうと頑張る」人を配置すればよい話で、「できない」場合は外注も含めて「できる人・できる方法」を検討すればよいだけと、思うのですが。

2 正式名称は、「ひきこもり者及び長期不就労者及び在宅障害者等支援事業」なのですが……

私はいつも、自分は地域福祉実践の専門家でひきこもり支援の専門家ではないと主張しております。

ところが先日、ひょんなことからＮＨＫの『あさイチ』という番組に出たのですが……。本番直前に「名札を付けますね」とスタッフの方に付けて頂き、スタジオや他の出演者のことが珍しくて気にしていなかった、いえ、気にする余裕もなく、番組も半ばを過ぎたころにやっと、自分の胸の「ひきこもり支援のプロ」の名札に気付いて愕然としました。「私、地域福祉実践のプロで、ひきこもり支援のプロになった覚えはないのですが……」と言い出した時には、後の祭りでした。

ですから、再度申し上げます。私は地域福祉実践者であってひきこもり支援専門家ではありません。

そもそもが、地域に住む若者支援、次世代の担い手づくり事業としての若者支援事業を始めたかったのです。ですが、社協として事業を行うに当たり対象者を明確にせよという指導が入り、「ひきこもり者及び長期不就労者及び在宅障害者等支援事業」を始めたのですが、ひきこもり問題に着手したつもりはないのです。

「何が違う?」とは、当社協の役職員にもよく言われます。なかなか理解してもらえないのですが、そのこだわりや違いは、私にとっては間違えようがないほどに基本的で大きい違いなのです。スタンス、基礎部分、土台、そうした根っこ部分の違いです。むしろ、その違いが見えない・分からない人が大多数だという現象を怖いと感じているのです。

だから、この本を書いているのです。

ひきこもり者等支援事業に着手しようとした時、一番多く頂いたご意見が、専門家(医療関係者? あるいは教育関係者?)ではない福祉職には無理だ、簡単にできる事業ではない、というものでした。また、実践発表等の後では医療知識を持たない者がひきこもり支援に関わってもよいのかという懐疑的なご意見を頂きます。

ですから、先に申し上げることにしているのです。医療職ではないから、ひきこもりの治療（?）はできません。教育者ではないから、ひきこもりを改善すべき教育指導（?）もできません。それでも、福祉職でもできる支援があるはず。福祉職だからこそできる支援があるはず。そんな考え方で、ひきこもり支援を始めたのです、と。

例えば、風邪で苦しんでいる人がいても、福祉職は治療もできないし薬の処方もできません。でも、汗をかいていたら着替えを手伝って差し上げられる、食欲がない方には食欲が湧くような献立を工夫できるのです。

ひきこもりの方も地域で暮らす方なのです。一歩を踏み出したい・このまま埋もれたままでいたくはない、そんな思いを受け止める場所を地域に作る、それは私たち福祉職にもできると思ったのです。

と、そんなビジョンのもとに始めたはずでしたが、実践現場の職員にはそんなビジョンを軽く無視され、現状は惨憺たるものでした。

「治療ではないひきこもり者等支援、指導ではないひきこもり者等支援だから、ひきこもり状態にあることをもって自分（職員）より能力が劣る人という見方をしてはならない」。関わる職員

2　正式名称は、「ひきこもり者及び長期不就労者及び在宅障害者等支援事業」なのですが……

に最低限守るべき基本姿勢として出した指示さえ、まったく伝わらなかったのです。いえ、職員が基本姿勢を忠実に守っているつもりでいることが、違いがあることに気付かないことが、怖いと思いました。

職員の理解力や資質の低さとか、私の指導力のなさとか、そんな問題ではないのかもしれないと思い始め、今ではその思いが確信に変わっています。

3 「生活困窮者自立支援制度」に架ける思い

二〇一〇年四月、福祉の拠点「こみっと」がオープンし、いよいよ「ひきこもり者及び長期不就労者及び在宅障害者等支援事業」(以下、本事業を「「こみっと」事業」と、「こみっと」利用者を「「こみっと」登録生」と略記する)が始まりました。お手本のない独自事業は試行錯誤の連続でしたが、そんなある日、厚生労働省が示した「生活困窮者自立支援制度」(前身)の構想図を見て、唖然としました。驚くほど、「こみっと」事業に似ていたのです。

正直、胸中は複雑でした。ひきこもり者等に「頑張って外へ出ろ」と言うけれど、「一体どこへ?」と聞かれても答えられず、探しても探しても紹介できる制度もサービスもなく、ならば作るしかないと覚悟を決め、五年がかりで「こみっと」オープンにこぎつけたところに、「生活困窮者自立支援制度」構想が降って湧いたのです。しかも、似すぎていました。

ですが、申し上げたいのは似ている、という所ではありません。正直、当社協事業と似ているか似ていないかは些事に思えるほど、私は「生活困窮者自立支援制度」構想に衝撃を受けたのです。


地域福祉を担当しながら、いつも悩んでいました。福祉制度は常に、弱者を定めて弱者を支援するというスタンスを取ります。でも、地域で暮らす人たちを支える現場は、「弱者支援」の発想では限界がある。そんな思いが常に付きまとっていたのです。

弱者に区分される「高齢者」や「障害者」や「一人暮らし高齢者」の方々がすべて弱者かと言えばそうではありません。弱い部分や支援が必要な部分はあっても、決して弱者ではない。逆に、弱者の区分には入らなくても、現に支援が必要な人たちがいる。その人たちは弱者ではないから支援をすべきではないのか？　地域福祉の現場では、常にそうした矛盾を抱えているのです。

ですから、私は「こみっと」支援の対象者をきちんと定めることに抵抗がありました。法に縛られない独自事業だから、支援を必要とする若者すべてに支援を届けたいという思いと、補助金等で運営する以上はきちんと対象を定めなければいけないという思いの間で、「ひきこもり者及

参照４　「こみっと」パンフレット

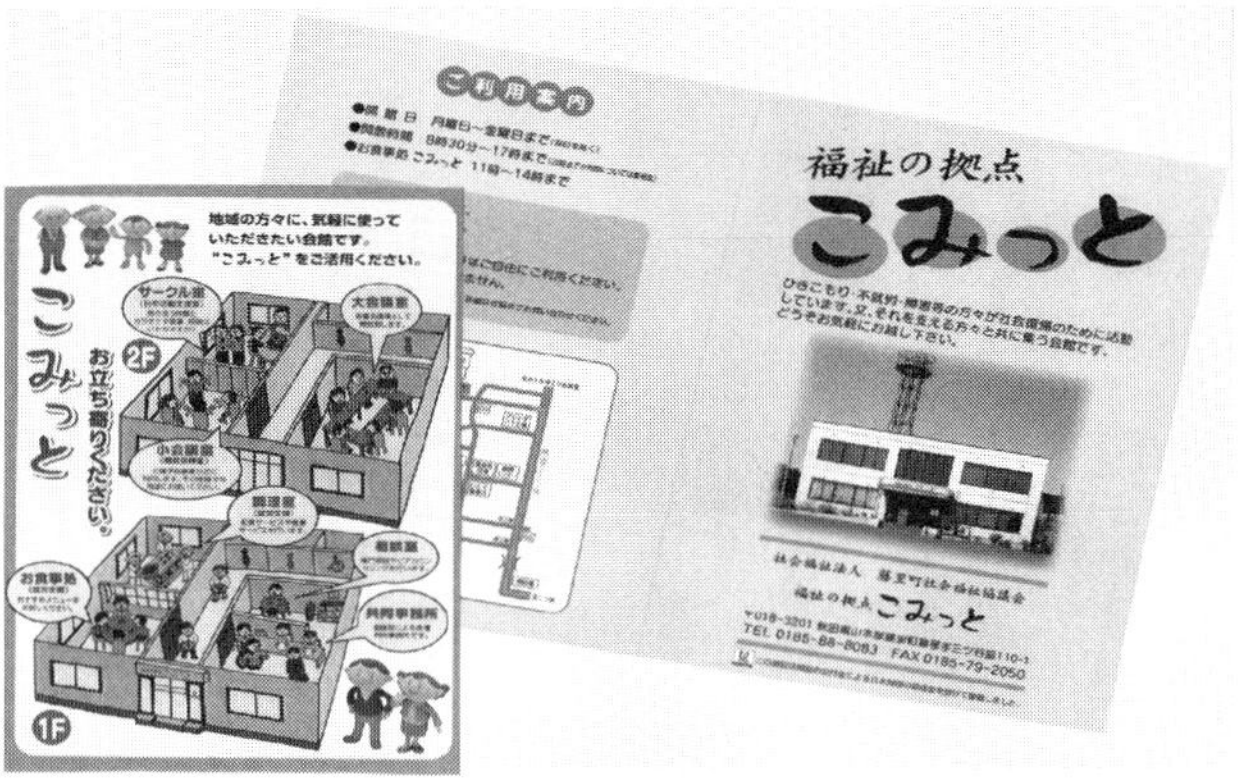

び長期不就労者及び在宅障害者等」支援事業という曖昧な対象になったのです。

ところが、「生活困窮者自立支援制度」は生活困窮に陥らないための事業であり、対象はその事業で効果が見込める人。私が悩んでいた対象者の問題を、あっさりと軽やかにクリアしたと、一人で勝手に解釈して勝手に感激していました。弱者を定めずに福祉の支援が開始できる画期的な制度だ、と。

福祉は対象とする弱者を定めなければ支援を開始できない。私が勝手に思い込んでいた福祉の常識が、あっさりと覆されたのです。

それはまるで、シンデレラ願望なぞまるでない、孫の子守りに忙しいオバサンの目の前に、突如現れた白馬の王子様のよう。不可能と思い込んでいた常識が覆って、思いもよらなかった可能性が広がる情景が、お分かり頂けますか？

残念なことに、「生活困窮者自立支援制度」構想を示して以来、「生活困窮者とは年収いくら未満の対象を指すのか明示してほしい」という問い合わせが厚労省に相次いでいるそうで、一体どんな制度になるか、私が悩むことではありませんが悩ましいです。

だから？　それでも？　どの表現方法がふさわしいのか迷いますが、皆さまには是非、不可能と思い込んでいた常識が覆って、思いもよらない可能性が広がるという素敵な体験をして頂きたいと思っているのです。

そのために、拙《つたな》くても伝えるべきことはきちんとお伝えしていくつもりです。

4 ひきこもり支援は、誰のため？ そして、何のため？

「ひきこもり」の言葉が放《はな》つ負のイメージ

ひきこもり等支援を始める以前の私は、特別な人が特別な事情でひきこもっているのだと考えておりました。人嫌い？ 社会との関わりを嫌う？ そんなイメージが先行していたのです。ところが、数多くのひきこもりと呼ばれる状態の方々と会うようになってからは、ひきこもりの治療・教育指導・専門家という考え方そのものが、分からなくなりました。

私が会ったひきこもりの方々は皆、普通の若者（私にとっての若者とは私より若い人すべてです）でした。もちろん、その中には精神的に不安定で専門家による治療・教育指導が必要な方も、いない訳ではありませんが……。どういう言い方をすればよいのでしょう。普通にお付き合いをしているご近所さんの中にも、変わっている人もいれば、精神的に不安定で専門家の治療を受けている人もいる、そうした範疇の話だったのです。

ひきこもり状態の方の自宅を初めて訪問した人は、ショックな場面に出会うかもしれません。不衛生な部屋とか、伸び放題の髪の毛や髭とか、不潔な身なりとか、無愛想で挙動不審な態度とか。そんな状態を許容しろという話ではありませんが、そんな状態だから普通ではないとか、治療・指導が必要な人と判断を下すのは早計だと考えているのです。

例えばアナタが、病気ではないけれど何となく、会社を病欠してしまった時。そんなズル休みを、三日四日と続けてしまった時。思い切り怠惰な生活を続けて乱雑に散らかった部屋や、来客の予定もなく油断した身なりや、ズル休みの後ろめたさや。そんな状態の時に突然誰かに家に踏み込もうとされたら……。

そんな情景を想像して頂きたいのです。

ですから、家の中での様子から、ひきこもりの方の精神状態を推し量るのは早計かもしれないという考えを、頭に置いて頂きたいのです（もしかすると、相手を自分と同じ普通の人と思うか、普通とは違う人と見なすかが、その後の相談援助の方針や関係性に大きな影響を与えるかもしれません）。

ひきこもりに近い状態の方でも、一歩外に出れば、周囲の方には察知できないことの方が多いのです。普通、家の中のくつろいだ恰好そのままで外出する人は少なく、外出の時はそれなりに身なりを整えてから、ですよね？　それはひきこもり状態の方も同じです。

ただし、ひきこもり歴が長くなり、床屋に行ったり服を買ったりするお金も気力もなくなり、身なりを整えたくてもできなくなる場合があると、「こみっと」登録生が、後になって指摘をくれました。ちなみにその人の場合は、靴下を買うお金がないとは言わず、裸足が健康に良いからそうしているのだと自慢げに話していたものです。必死で見栄を張る、その思いを汲むべきだろうと、それも後になってから指摘をくれました。

実際、一〇年以上もひきこもり状態で、外出は二か月に一回の通院の時だけ、という方がいたのです。その通院先の医師も看護師も、その人がひきこもり状態にあったことを、本人も認めているのに、なかなか信じてくれませんでした。「だって、いつも愛想のいい、ちゃんとした人ですよ？」と。一体、ひきこもりに対して、どんなイメージを抱いていたのでしょうか？

そうです。その、皆さんが抱いている「ひきこもり」のイメージが、「こみっと」支援構想を実現しようとした私の前に、幾重にも幾重にも障壁として立ちふさがってきたのです。大袈裟な言い方ですが、それが実感で、今でも延々と続いている現象です。

「こみっと」を開設した当初の二年くらいは、自宅を訪問する職員をごく少数に限定していました。

ですから、「こみっと」登録生を迎える職員の殆どは、自宅での彼らの様子をまったく知らないのです。まして、「こみっと」に出入りするボランティアさんや一般の方々は、「こみっと」登録生か社協職員かシルバーバンクの人か、区別がついていないようです。

妙な先入観を持ってほしくない、という私の狙いは、見事に功を奏したのですが。どうにも、功を奏しすぎたのか、老人クラブさんからは、「アンタは、普通の若者をひきこもり扱いして、失礼だろうが」と、お叱りを受けております。

「こみっと」開設にあたり、ひきこもりに対して先入観を持ってほしくないという思いと同じくらい強く、ひきこもりの原因探しはしてほしくないという思いがありました。

ひきこもり状態の方々と話をするうちに、そう考えるようになったのです。ひきこもり状態にあるだけで、ごく普通の物の考え方をする若者たちです。

コレだと言える原因がない場合もあるのです。キッカケは些細なことで、ただ何となくで、単にズルズルと、という場合もあるのです。それでも、ひきこもるからにはそれなりの原因があるはずだという前提で聞かれれば、イジメの辛さの経験や親の言葉に傷ついた経験の一つや二つは思い出せるでしょう。だから、原因を聞かれれば自分の怠惰や不甲斐なさではなく、他にもっともらしい原因があれば、そこを強調したくなるのが人情でしょう。

そんな気持ちは分かるし、悪いこととは思いません。精神科医療の治療目的で、カウンセリングとなれば、原因探しは重要なことだと思います。ですが、私たちは福祉職なのです。治療のために内に向かう原因探しではなく、地域でより良く暮らすために必要な社会資源探しが必要なのです。誰にでも嫌な思い出や苦い経験はあるはずで、物事がうまくいっている時は気にならなくても、何もかもが思い通りにならない時は頭から離れなくなる、そんな経験もありますよね。

ですから、「こみっと」支援に関わる職員には、しつこく、本当にしつこく煩《うるさ》く繰り返したのです。「ひきこもり状態にあったことで、能力が劣る人指導が必要な人という見方をしてはいけません。むしろ、アナタより能力が高い人がいてもおかしくはないのです」、そして、「ひきこもりになったことの原因探しに、私たち福祉職の人間が関わってはいけません。私たちは、医師でもカウンセラーでもなく、ただの福祉職です」と。

そうやってしつこく繰り返した割には、職員の頭に浸透しませんでした。本当に、いくら説明しても、理解してもらえないのです。どうにもならず、言葉で説明することも理解してもらうことも諦めて、意味不明に聞こえるだろう業務命令や配置転換でしのいできました。

福祉職だから？　福祉職なのに？

正直、私には謎だったのです。医療職の治療でもなくカウンセリングでもない、地域で暮らす人たちへの福祉職としての支援。そんな、当たり前のはずの指示が、職員にどうやっても伝わらなかったことが。職員の資質向上のために努力してきたし、その成果も出ていると思っていましたから、なおさらでした。

私が事務局長職に就いた当初は、当社協職員個々の技量の低さの問題と、思っていたのです。ですから、資格取得を奨励し、技量の向上を目指して職場内レクチャーを繰り返しました。その結果、近隣の他の福祉職に比して、圧倒的に質の高い職員に育ってくれたと、自慢でもあったのです。

ところが……。

福祉職としての地域福祉実践は、現場に根づいていないのかもしれない。そんなことを思い始めたのは、いつ頃からだったのでしょうか。弱者を定めて弱者支援を開始するという仕組みや制度が、福祉職に自分の仕事を勘違いさせてきたのではないか。利用者本位とかストレングスモデル（本人の持つ力を活かすこと）の大切さを学んでも、弱者を支援するのが仕事だという思い込みがある限り、身に付かないのではないか。

そんな思いが、この本を書かせています。

当時の、私と職員の間に横たわる意思疎通の困難さは、今思い出してもぞっとします。

例えば、情報提供のための個別の訪問活動。「こみっと」支援の情報提供のための訪問だと伝えて、今後の継続訪問の了解を取る。ただそれだけのための訪問で相談援助活動は不要。きっぱりと、そう指示を出したつもりでしたが、まったく伝わっていませんでした。声をかければ即刻出てきてくれると思っていたAさん宅からは、訪問は不要と断られたという報告で、多分無理だと思っていたBさんからは訪問を感謝されたという報告。

自分の勘を信じて食い下がり、訪問先でどういうことが起きていたのか、どうにか聞き出しました。

私が「こみっと」開設の目途がついたら知らせると声をかけていたAさん宅の場合。玄関で母親を相手に、通りがかったから寄ってみたと訪問目的を話さないまま長々と世間話を続けて不審がられ、困っていることがないかと恐る恐る切り出して、何もないからお気遣いなくと言われ、引き下がるしかなかったようです（悪徳訪問販売でもあるまいし、訪問目的を隠して取り入ろうなどと、福祉職だとはいえ、そんな失礼なことが許されると思ったのですか？　相手がひきこもりだからですか？）。

私には仕事は自分で探すから手助けは無用と言っていたBさん宅の場合。玄関に現れた祖母に感謝され、いきなり涙ながらに始めた孫に関する打ち明け話に同情を寄せ、是非また来てほしいと言われて、職員は意気揚々だったようです。祖母から感謝されたことが、Bさんから感謝されたという報告になっていたのです。（ひきこもり状態だから能力がない人と見てはならないと繰り返したはずなのですが。普通の家庭で、母と息子の意見が、祖母と孫の意思が、ぴったり同じということはありえません。祖母の意見をそのままBさんの意見と思い込む方がどうかしていると思いませんか？　しかも、Bさん本人の了解なしに、Bさんの情報を祖母から得ても構わないと思うなんて、Bさんがひきこもりだからですか？　玄関での会話はBさんにも聞こえているはずで、Bさんから信頼を得る機会を失ったとは思わないのですか？）。

基本的な姿勢の問題は、具体的に注意するのは難しいのです。まして、訪問目的はきちんと説明したつもり、ひきこもり状態にあるから軽んじたつもりは絶対にない、と言われればそれ以上の指示や注意は、無意味どころか逆効果になります。

もちろん「こみっと」支援の現場でも同様の問題が起き、やはり職員の理解を得ることはできずにいました。

とはいえ、そこが福祉職の難しい所で、職員の人格を傷つけないために利用者の人格を傷つけてもよいのかという話になるのかもしれません。ですから、配置転換やら、強制的な業務命令やらで、何とかしのいでいました。

そんな状態でも、「こみっと」開設から半年・一年と過ぎて、成果が目に見える形で現れるようになり、私が求める福祉職ならではの支援の輪郭が具体的になり、職員にもやっとそれが見え始めたようです。

例えば、理解溢れる相談員を演じたいために利用者の能力や可能性を無視しているという理由で、ひきこもり支援の業務から外した職員Aは、その理由に納得していませんでした。ですが、「自分は中学時代のイジメがトラウマになっている」とAに付いて回っていた登録生Cが、職員

Aの異動と同時にその訴えがなくなり、その二年後には「トラウマはどうした」と仲間にからかわれても「あの頃は若かったのさ」と笑って答える姿を見せるのです。さらに、職員Aが反抗的で指示に従わないと主張していた登録生Dについては、今では誰もが、適切な指示さえあれば職員以上の能力を発揮する人だという見方をしています。ですから職員Aは、自分が指導で導こうとしていた登録生Cや登録生Dの理想像が、現実の彼らを矮小化して能力や可能性を封じ込めるものだったことを厭でも思い知るようです。

そして、お手本や支援のひな形を見せることができさえすれば、真面目で一生懸命な当社協職員は本領を発揮できるのです。

ですが、そこまで難しい指示だったのでしょうか? 「ひきこもり状態だから自分より能力の劣る人という見方をしてはなりません」という、ごくごく当たり前のことのはずなのに。ここまで指示が通じない言葉が通じないという現実に直面すると、その当たり前ができない職員が悪い・指導できない上司が悪いと、決め付けてよいことではないと思うのです。そうさせる何かがあるのではないか、と。

5

『ひきこもり　町おこしに発つ』の発刊

発信するコトに意義あり

『ひきこもり　町おこしに発つ』というタイトルで本を発刊できたこと、そしてその本を色々な人が読んで下さり増刷できたことには、万感の思いがあります。

様々な助言を頂いていたのです。「ひきこもり」の言葉をタイトルに使うと、イメージが悪すぎて本を手に取る人がいなくなる。「ひきこもり」の言葉は、暗すぎて印象が悪すぎるから、タイトルに使うべきではない、と。

悩んで悩んで、最後までタイトルを決めることができずにいたのです。

ですが突然、悩むことが馬鹿らしくなったのです。「ひきこもりの何が悪い！　逃げ隠れしなければならないだの、イメージが悪すぎるだの、そんな言われ方をされるほど、悪いことをした覚えはない！」と、そんな開き直りの境地に入ってしまったのです（そんなスイッチが入った時の私は、自分自身では止められなくなるのです。そして、残念なことに、私の周囲にも私を止められる人間はおりませんでした）。

私にとっては、「こみっと」登録生とともに記録としてまとめただけではなく、発信できたことに大きな意義を感じるのです。しかも、「ひきこもり　町おこしに発つ」というタイトルで発信できたことを、です。

「こみっと」登録生やご家族が、「ひきこもり」という言葉を使われることに、抵抗を感じていることは分かっていました。

ですが、最終的にはそのタイトルを、「常務がそれでよいのなら、よいじゃないですか？」と了承してくれた「こみっと」登録生たちの、言外の思いもこもっています。そして、「本人たちが了承しているのなら」と、黙って見守って下さった、ご家族の思いも。

参照5 『ひきこもり　町おこしに発つ』

「実践のやりっ放しは実践とは言わない。実践し、記録としてまとめ、発信し、評価・検証を経て初めて実践したと言える」とは、日本地域福祉研究所の大橋理事長にたびたび言われてきたことです。実践のしっ放しが実践だと思い込んでいた私としては、反発を感じていたこともありました。自分が全力で向かうべき相手は地域の方々であって、他からどう評価を受けるかを気にしたくはない、と。

ですから、大橋理事長の勧めでトータルケア推進事業の集大成として日本地域福祉研究所の全国セミナーを藤里町で開催した時は、私自身渋々だったように思います。

ところが、セミナーを終えた時、私たちは大きな財産を得ていました。藤里社協のトータルケア推進事業の実践を全国の研究者・実践者に向けて発信し、それらが評価を得た時の、社協役職員の笑顔・二五〇人の実行委員スタッフの笑顔、その他関わった大勢の町民の笑顔。小さな町でも力を合わせれば、創意と工夫でやり遂げられるという自信。全国から集まった研究者や実践者が熱く藤里町を語る姿から得た感動と、自分たちも何かをなせるかもしれないという思い。

私にとっては、セミナー開催後の役職員や町民の大きな変化は衝撃でした。意識改革とか、住民主体とか、実態のない目標にすぎなかった言葉が実感となったのですから。それは、私が地道に一生懸命にひたすら地域住民のためにと活動を続けるだけでは、決して得ることのできなかった何か、だったのです。

ですから、「こみっと」支援事業を軌道に乗せたことで満足してはいけないと、『ひきこもり町おこしに発つ』の発刊に踏み切ったのです。何よりも「ひきこもり」の言葉から逃げずに発信できたことは、私にとっても「こみっと」登録生にとっても、大きな財産になりました。

「ひきこもり支援」の言葉に誰よりも抵抗を感じているのは私です。ひきこもり者の支援ではなく次世代を担う若者の支援だと、常々言い張っているのも私です。「ひきこもり支援」の部分にだけスポットライトが当たり、気の毒なかわいそうなひきこもりの支援に乗り出した社協という美談仕立ての扱いに、誰よりも腹を立てているのも私です。

だからこそ余計に、「ひきこもり支援」の言葉から逃げてはいけないと思ったのです。その言葉を避けてしまえば、逃げてしまえば、「こみっと」支援事業は何か別のモノになりそうな、そんな気がしたのです。

私の勝手な思い込みですが、付き合ってくれた「こみっと」登録生やご家族や役職員には感謝の思いでいっぱいです。

「こみっと」支援事業を軌道に乗せたことで満足していたら、「ひきこもり」の言葉から逃げていたら、今の「こみっと」登録生の心からの笑顔はなかったかもしれない、家から出て「こみっと」という場所で仲間とひっそり肩を寄せ合っているだけだったのかもしれない、そんな風に思っているのです。

発信できたから……

ここで、「こみっと」登録生の明るさやしたたかさを思い知らされたエピソードを一つ二つ。

せっかく本にして出すのだから、世間に向かってこちらから発信できるのだから、自分だけが分かる参加の仕方・発信の仕方を考えればよいと、私が参加を勧めたのですが……。

勧めた私がたじろぐほど、大胆な参加の仕方でした（彼らが自分で選んできたブックカバーの写真や、本文の写真等のことです）。彼らが、ひきこもり状態の期間があっただけで、根暗でもなければ気弱でもないと十分に知っていたはずなのに、どこかで彼らを見くびっていたのかもしれません。

藤里社協では、二〇一〇年に福祉の拠点「こみっと」を開設し、翌年には宿泊棟「くまげら」館を開設しました。そして二〇一二年に、「こみっと」の取り組みを『ひきこもり　町おこしに発つ』と題して一冊にまとめました。「こみっと」開設に関わった様々な人たちの思い・「こみっと」登録生と呼ばれる人たちの思い・訳が分からないままに関わらざるをえなかった人たちの思い・職員の思い、そして私の思い。それらが風化してしまわないうちにと、未消化の思いそのままに本にまとめたのです。

あの時、本にまとめたことで、関わった者たちの中に、一つの揺るがない基軸が出来た気がしております。

「こみっと」開設前とその後と。本づくりに関わった者たちは、気が付くと、私も含めて、そんな比較の仕方をしているのです。

例えば、「ひきこもり」という言葉に対するイメージ。「こみっと」支援に関わった殆どすべての人が、「こみっと」登録生と関わったことで、「ひきこもり」のイメージがまったく変わったと、良い方に変わったと言います。

そして、怖い話ですが、そのことを忘れていることさえ、忘れてしまうのです。

ひきこもり支援事業は、厄介で怖いから関わりたくないと考えていた職員が、ふと、『ひきこもり　町おこしに発つ』の本の背表紙を見て、そのことを思い出すのです。ひきこもりに対して謂われのない偏見を抱いていた時代があったことを。そして、ひきこもりに対するまったく偏見のない今の自分との違いを。

「こみっと」登録生自身が、自分がひきこもりだったことさえ、忘れています。事務所に積んである『ひきこもり　町おこしに発つ』に載せた自分の写真を見て、痛みや諦めの中にいた当時の自分のことを、思い出すようです。心中の思いはそれぞれで、察することはできませんが、時々、「たまに思い出すことは必要だよな」と言っているのを聞くと、成長を感じるのです。

例えば、「こみっと」支援開始前と後で、大きく違ったのが、支援に関わった者たちの中に根付いた大きな自信。

二〇〇七年に作成した「こみっと」支援計画のイメージ図は、小さな社協の手に余る、夢物語のような壮大なもの。役職員や関係者の目には、そう映ったようで、本気にしてもらえていなかったようです。そんな夢物語が、できるはずがないと思っていた分だけ、やればできるという妙な自信につながったようです。

そうしたことも、本を読んだ時に初めて、あの理事会の時の話として思い出し、いつかの職員会議で説明を受けた光景とともにイメージ図等を思い出し、二〇〇六年くらいから少しずつ目的に向けて積み重ねた結果が、二〇一〇年の福祉の拠点「こみっと」につながったのだと、納得ができたのでしょう。本の刊行がなければ、誰かが自分と関わりのないどこかで開始した事業と思い、自分が様々な場面で重要な関わりを持っていたことにさえ、気付かなかったのかもしれません。

6 ひきこもりって、どんな人ですか？

少し長い章になりそうな気がします。

「ひきこもりって、どんな人ですか？」講演ではこのテーマについて触れずに終わることが多いのです。一番言いたいことなのに、伝え方が分からないのです。拙《つたな》い伝え方では大きな誤解を生むと思うし、限られた時間の中で伝える自信がないのです。

ひきこもり状態の方々に多くお会いするほどに、ひきこもりとはどういう状態を指しているのか、分からなくなります。ひきこもり状態が何を指す言葉なのか、支援が必要か否かも含めて分からなくなります。

ですから、この章では結論を導き出すつもりはありません。私が見たこと、聞いたこと、感じたことをそのままお伝えできればと、思っています。

ただ、ひきこもり支援が進まない現状や、なかなか成果に結び付かないことの要因の一端については、私なりの推論はあります。

私の拙い推論をお話することで、ひきこもり支援の現場で悩んでいる方々の、何かのヒントになればよいのですが。

ひきこもり支援は必要?
――ひきこもりはいないと言い切れる高齢者vs自分もひきこもりだと言い出す若者――

「自分の周囲にひきこもりはいない！」。

私が、ひきこもり者等支援を始めた時の最初の大きな壁が、ひきこもりは存在しないという年配の方々の反応でした。

それまで当社協の頼もしい応援団で、様々な協力・支援を下さっていた方々。民生児童委員や福祉員、老人クラブをはじめとする各団体の方々、町内会や地域の方々（当社協の応援団は高齢者の方が多いのです）。地域にひきこもり等支援を必要とする方々はいらっしゃいますか？　という質問に対して、高齢者の方々の大半は、即答に近い形で「自分の周囲にひきこもりはいない！」と、きっぱり言い切るのです。

知っていても言わない方々がいました。心配しているが、ご家族が隠しているのだから、自分は密告のような真似はしないと決めている方。ご家族が何も言わないのだから、ひきこもりを疑うのはとても失礼なことだと、見ないふりをしている方。

そうした反応は予測の範囲内で、無理に情報を聞き出すつもりはありませんでした。

予想外だったのが、高齢者層の殆どの方が、本当にひきこもり者の存在を知らなかったことでした。さらに、そんな「ひきこもり」などというみっともない人間が、都会ならいざ知らず、この町に存在するはずがないという、信念にも似た思い込みの強さがありました。

例えば、自分の家のひ孫が三年以上も仕事にも行かず外出もせずに家でゴロゴロしている。親が甘やかしているから、近頃は、食事も部屋で取っているようだ。だらしない親に代わって、ひ孫を叱ってくれ・仕事をするように説得してくれと頼まれることがあります。それでもその方は、当社協のひきこもり支援事業には反対で、嫌悪感さえ感じているようなのです。「社協が、ひきこもりなどという怠け者の世話をする必要はない。もっと、ちゃんとした福祉の仕事をしていればいい」と。もちろん、ひ孫さんがひきこもり支援事業の対象になるとは、夢にも思わないようです。

そんな事例は、珍しくないのです（高齢者層の思い込みとは別の話ですが、「必要な支援は欲しいがひきこもり扱いはしてほしくない」というのが、ご家族の偽らざる思いのようで、時にはご本人自身も同じだったりします）。高齢者の方々がひきこもりに対して抱くイメージは想像するしかありませんが、「救いようのない怠け者」という表現をする方が多いです。

私の場合、高齢者層の思い込みを正すことは不可能だと、悟りの境地に入りました。もっとも、思い込みを正そうにも、私自身が「ひきこもり」の定義が分からなくなっているのです。ですが、高齢者の方々の思い込みを正すことはできなくても、ひきこもり支援事業に賛同は得られなくても、当社協のひきこもり等支援事業に協力は頂けているのです。

その件については、後ほど詳しく話すとして、これから述べるのは「ひきこもり」支援に対する、今度は若者の反応について、です。

『ひきこもり　町おこしに発つ』の本を出し、テレビ・新聞等で取り上げられるようになってから、全国の若い方たちから声をかけられるようになりました。

当事者や家族、という話ではありません。セミナー等に駆り出された関係機関・団体所属の当日スタッフや、興味があったと言ってくれる報道関係者や、卒業記念旅行で立ち寄ったという若者や、様々な場面で色々な人が声をかけて下さいます。

彼らは、自分はたまたま就職できただけで「ひきこもりの気持ちが分かるのだ」とか、「運が良かっただけで、自分もひきこもりだったかもしれない」とか、「現在は何とかなっていても、私だって、ひきこもりになるかもしれない」とか。彼らは皆、ひきこもりを自分のこととして話すのです。

ひきこもりはいないと言い切る高齢者と、ひきこもりを自分のこととして語る若者と。この違いは、一体、何なのでしょうか？

私一人の勝手な連想です。

私の子供時代（昭和三〇年代です）は、近所に、いわゆる変な人が普通にいっぱいおりました。学がない・読み書きができないことを、威張って話す人もいました。「分かるか？　オレは、そのへんのちょっと口が上手くて頭がいい奴らとは鍛えられ方が違う。真面目に一生懸命だけで、ここまで来たんだぞ。どうだ、オレの凄さが分かるか?」などと。

そんな真面目で一生懸命が通用した時代があったのです。学がないことを自慢し、真面目で一生懸命を威張れる時代があったのです。そんな時代に生きた高齢者の方々。

現在の若者は、真面目で一生懸命だけでは通用しないことを知っています。空気が読めないヤツ、それだけで仲間外れにされる時代を生きているのです。些細なつまずきかもしれませんが、若者は知っているのです。大学受験に失敗したヤツ。就職できないヤツ。そんな些細なつまずきでも、すぐに負け組に入れられることを。

高齢者が生きた時代と、若者が生きている時代と。その違いが見えた時、高齢者の思い込みの違いを正すという、自分の間違いに気付いたのです。常夏の国の人が雪を想像できないように、高齢者にはひきこもりの存在そのものが理解できず、ひきこもり支援の必要性には思い至らないのだろう、と。それなのに、協力をお願いすれば協力してくれる、それ以上を望む必要はないように思えたのです。そもそもが「こみっと」登録生に対しては「地域からの理解という名の同情」を求めるな、という支援方針だったので、特に影響はありませんでした。

ただ、地域のひきこもり者等支援事業に賛成ではない方々への説明は、極力シンプルな説明に変えることとなりました。

現にひきこもり状態の方々が存在します。支援すべきか否かの論はあるでしょう。ですが、今は支援の必要がないからと、親御さんが亡くなって生活保護支援が必要になるまで、黙って待っています？　それとも今、様々な可能性を秘めている今、自立（税金を払う側になるために）に向けて、ほんのちょっとのお手伝いやお節介をしてみます？

さあ、どちらを選択します？

とても分かりやすい、二者択一のシンプルな選択です。

内外野からのウンチクある貴重なご意見もあります。ひきこもりではない人をひきこもり扱いしてはならない。そんな失礼がないよう、くれぐれも慎重にすべきである。それに、ひきこもりは家庭の問題だから、当事者から支援の要請があった時に初めて、動くべき。そんなご意見です。外からひきこもりか否かの判断ができれば苦労はないし、自分から相談に来られるひきこもりがいればよいのですが。

ですから、やはりシンプルに考えることにしたのです。ひきこもりなのかそうではないのか、外から判断できないなら本人に聞けばよい。支援が必要か不必要か、それも直接聞けばよい、と。

ウチの子がひきこもってくれて嬉しいと、喜ぶ親はいないだろう。ウチの孫が、仕事もせずに家でブラブラしてくれてありがたいと思う祖父母も、あまりいないだろう。ひきこもり状態を変えたいと、家族なら願うだろう。だとしたら、家族にできることはすでにやってきたはず。それでも、ひきこもり状態が続いていると考えるべきではないか、と。家族が問題視せずに、何もせずにここまで来たと考えるよりは、自然に思えるのです。

ですから、「藤里社協ではひきこもり者等支援を開始しますが、支援に関する情報提供をさせて頂いてもよろしいですか？」と、聞いて歩くことにしたのです。

もちろん、ひきこもり扱いをしてお怒りを買う可能性は高く、怖さはありました。それでも、後悔したくない、という思いの方が強かったのです。ひきこもりの方に私たちが関わらせて頂くのは、親御さんが亡くなってからが殆どです。その時には、経済的にも精神的にも身体的にも、社会復帰支援の開始が遅すぎたと感じることが多かったのです。五年前に、いやせめて、三年前に関わらせて頂いていたらと、後悔するくらいなら、声をかけて怒られる方がまだマシだと、そう思ったのです。

弱者支援の限界

地域福祉における弱者支援の限界。それがこの本のメインテーマになると思いますので、重ねて言います。町社会福祉協議会という地域福祉の現場で働きながら感じていた、弱者を支援するという発想の限界について、です。

福祉制度はあくまでも弱者支援で、「一人暮らし高齢者」とか、「身体障害者」とか、福祉が対象とする弱者を決めてから、事業やサービスが始まります。それは、当然で必然だと思う反面、地域で暮らすことや地域福祉の推進と考えると、大きな阻害因子になっているのではないか、そんな思いです。

だから、かもしれません。ひきこもり者等支援を始めようとして、職員に言葉が伝わらずに指示が空回りする虚しさの中で、そこが課題ではないかと思ったのです。

「ひきこもり状態にある人だから能力が劣っている人・問題がある人、という見方をしてはいけません」とか。あるいは「上から目線はやめましょう」といった、当たり前の指示が上滑りをして、伝わらないという不可解な現象が、何故起こるのか。

真面目で一生懸命な当社協の職員は、必死に指示通りに職務に当たっているつもりなのです。私に指摘されるたびに浮かべる、戸惑いの表情。「言われた通りにやっているのに、何故、そんな言いがかりをつけるのですか？」と言いたげに。

弱者支援。それが当たり前になっている職員にとっては、到底理解できることではなかったのかもしれません。弱者支援。その根底にある侮蔑とか軽視といったモノが、支援される側を傷つけることに思い至らないのです。

福祉にはそんな常識と矛盾があるのです。

「だったら、自分より幸せで自分より恵まれている人を支援しなければならないってことですか？」。その質問に対する答えがあれば、もしかすると……。

7 社協が？　何故？　ひきこもり対策事業なのですか？

社会福祉協議会の存在はまだまだ知られていないようで、何をしている組織なのか知らない人が多いようです。

次ページに**参照6**として、社会福祉法の市町村社会福祉協議会の規程を載せました。社会福祉法には、地域福祉推進のために市町村に一つ、民間の社会福祉協議会を置き、**参照6**に挙げた四項の事業を行うことが規定されております。

分かりにくいですか？　市町村社会福祉協議会が出来た当初は、前三項に挙げた調査や普及等が主たる事業で、直接事業（ヘルパー事業運営等）を行うことは認められていなかったそうです。ですから私は四項目を、地域福祉推進のために必要な場合に限り直接事業運営も可能、と解釈し

参照6　社会福祉法による市町村社会福祉協議会の規定

一　社会福祉を目的とする事業の企画及び実施 二　社会福祉に関する活動への住民の参加のための援助 三　社会福祉を目的とする事業に関する調査，普及，宣伝，連絡，調整及び助成 四　前三号に掲げる事業のほか，社会福祉を目的とする事業の健全な発達を図るために必要な事業

ております。

さらに解釈を進めると、こうなります。市町村社協は常に地域が必要とする事業を選択して行わなければならないのだ、と。

だから、当社協では地域の必要に応えてひきこもり等支援事業を始めたのですと、それが言いたかったのです。

社協なのに何故ひきこもり支援事業をするのかと聞かれると、答えに窮して、逆に聞きたくなるのです。一体、社協はどんな組織だと思っているのですか、と。

ひきこもり者等が存在するのに支援制度もサービスもなかったから。民間でありながら行政から補助金を頂き町民から会費を頂いている社協としては、地域に足りない・地域が必要とする事業に取り組まなければならないと、それが社協だと考えているのです。

市町村社協論議を語り始めると本一冊分くらいは話さないと気が済みそうにないので、また別の機会にということで、今回のテーマに戻ることにします。

8 原点は、秋田県の「小地域ネットワーク活動事業」です

「一人の不幸も見逃さない運動」とは

福祉職としての私の基本スタンスが前章の社会福祉法による規定だとすれば、実践の原点は、「一人の不幸も見逃さない運動」として、秋田県のすべての市町村社協が一九八〇年から取り組みを始めた「小地域ネットワーク活動事業」です。

というのも、一九九〇年に藤里町社会福祉協議会に採用された私の職名は在宅福祉相談員、経理事務兼務とはいえ、上記の「ネットワーク活動事業」担当として採用されたのです。実際は毎日の支払いや伝票書きに追われる経理事務担当、いえ、それ以上にお茶くみが主たる業務でした

が、気持ちだけは在宅福祉相談員でした。その業務の引き継ぎは、「地域を拓く」という秋田県社会福祉協議会発行のネットワーク活動事業の手引書が一冊と、殆ど整備されていない空白だらけのファイルが二冊。後に、年に一回の秋田県社協主催の在宅福祉相談員研修には参加させて頂けるようになり、捨てられるはずの古い『福祉六法』を貰い受けることもできました。

「ネットワーク活動事業」が目指す現実離れた壮大な構想を知るにつけ、「これは事務補助兼務のお茶くみ要員ができる仕事ではないな」という感想を持ちました。

まずは、一人の不幸も見逃さないために地域の要援護者（例えば一人暮らし高齢者）すべての福祉カルテを整備すること。さらに、すべての要援護者について、支援する保健師・ヘルパー等の専門職とともに民生委員を中心にした近隣協力員の支援体制を作ること。そして、そうした住民主体の支え合い活動から、地域の福祉ニーズを把握し、地域の福祉課題を見つけ出し、政策提言・サービス提供に結び付けること。

それはまさに市町村社協が持たなければならない機能であり本来業務。だから、一担当職員が取り組むべき業務ではなく、社協が組織を挙げて取り組まなければならない仕組みづくりではありませんか？　と、幾度か上司に申し上げたのですが、そんなことはお前が心配するコトではなく、偉そうなゴタクを並べる前に自分の仕事をしろと、あっさり却下。

参照7　ネットワーク活動図

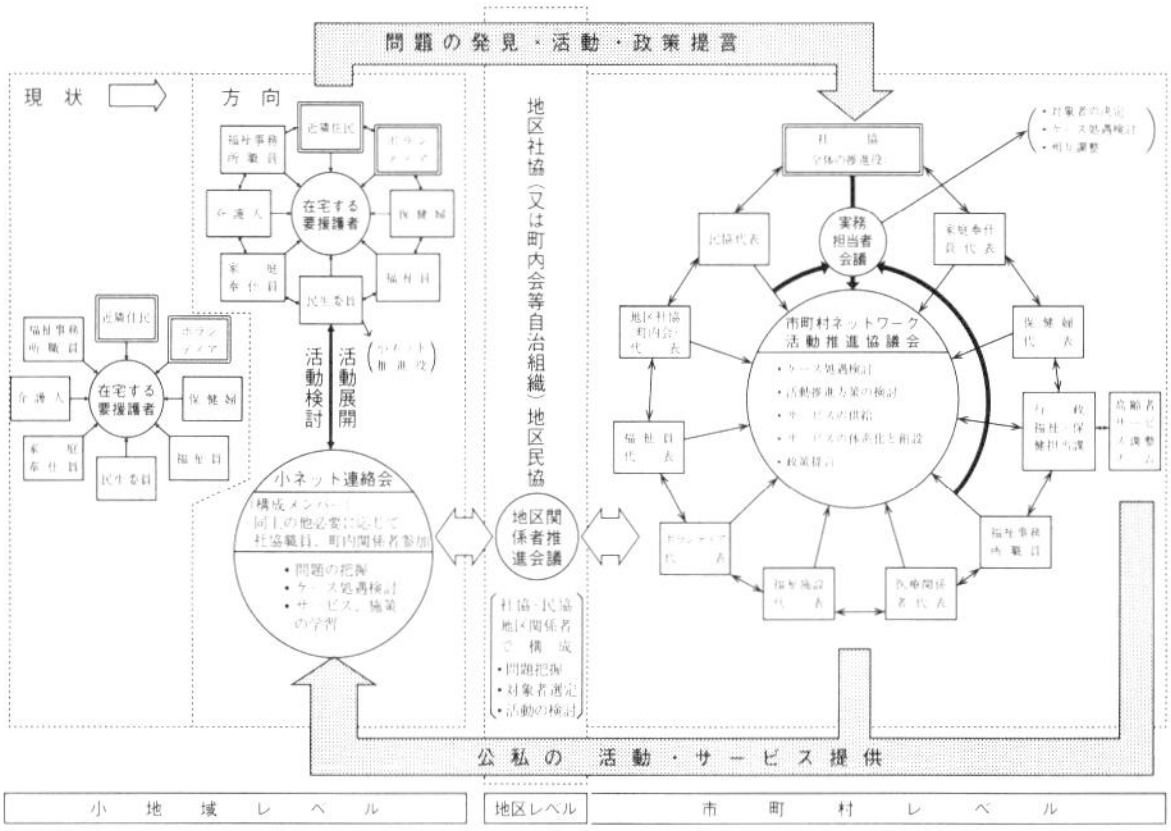

もっともなご指摘でしたが、担当職員ができることはやったつもりではいたものの、限界があったのです。しかも、頑張るほどに、ネットワーク活動事業の理想形に近づくほどに、地域福祉推進の矛盾が出てくるのです。本当に、この事業でこの方法で、町民のための地域福祉推進が達成できる？

在宅福祉相談員として一応は、一人暮らし高齢者世帯・高齢者のみ世帯すべての福祉カルテは整備して、そのすべてに近隣協力員の支援体制を整えました。重度障害者世帯・寝たきりや認知症の要援護者世帯のカルテも整備し、こちらは近隣ネットではなく専門家ネットの協力支援体制をつくりました。そして、様々な支援事業も企画し事業化しました。

何よりも当事者やご家族から、要援護者名簿に載せて福祉カルテを作ることの同意を頂くことは、本当に大変な作業だったのです。後に、在宅福祉相談員業務を引き継いだ職員たちは、要援護者名簿の更新に着手しては挫折しております。ネットワーク活動システムを苦労して築いたと思っている分、システムが崩れていく様は見たくない思いがあります。

その反面、「だからどうした?」という、思いもあります。「だから、地域福祉推進に大きな影響があるのか?」と。

根底に、私が感じる地域福祉における弱者支援の限界の問題があるのです。そして、在宅福祉相談員時代の様々な試行の中に、地域が幸せ体質を取り戻すための萌芽があるように思っているのです。

例えば八五歳になる一人暮らしのC女。畑仕事をしながら老人クラブ活動も欠かさず、ささやかな年金でも毎月少しずつの貯金もしている暮らしでした。ある日、二〇年以上も行方不明だった息子のDが帰って来て……。Dは無収入で仕事を捜そうともせずに昼から酒を飲む生活で、C女宅からは怒声や物が壊れる音が聞こえることもしょっちゅう。

その状況下で元上司の指示は、同居家族が出来て一人暮らし高齢者ではないから、私の業務の対象者ではないし、家族の問題には口出しも手出しも無用、というものでした。ちなみに元上司には、朝から晩まで怒鳴られておりましたが、私はその三倍はやり返しておりまして、口答えをしない時は多分、ひそかに出し抜く方法を考え出して実行に移していた時だったように思います。話の進行上、悪者役として登場して頂くと都合が良いというだけで、深刻な対立はなかったことを申し添えておきます。毎日やり合っていただけに、二年ほど前に「やっと分かった気がする、お前がやりたかったことはコレだったのか。なるほど、色々考えて試していたってことか」と、初めて褒めて頂いた時は、本人には言いませんでしたが、何よりも嬉しく思いました。

一人暮らし高齢者だから支援が必要な人で、一人暮らしでなくなったから支援は不必要になった？　一人の不幸も見逃さない運動が、本当にそれでよいのですか？

一人暮らし高齢者は不幸な人ですか？

例えば私が担当していた一人暮らし高齢者交流会事業。会場に集まって頂き、ボランティアさんの手作りの昼食を食べながらの交流、そしてボランティアさんによる歌や踊りの演芸会を楽しんで頂く、という内容でした。

そんな交流会事業に魅力は感じないというE女でしたが、「私が参加することでアナタのお仕事の役に立つのなら、参加してもいいわよ」と、いつも都合をつけて参加して下さっていました。

その E 女、県内では有名な企業の前社長で、引退してからも県内外で様々な役職に名を連ねている方でした。その E 女をネットワーク対象者名簿に載せるという非常識、その E 女を交流会事業に誘うという失礼、などと上司は怒っておりましたが、本人が了解しているのですから、問題はありませんでした。

ただ、思っていたのです。E 女に対しては非常識で失礼だということが、他の一人暮らし高齢者に対しては非常識でも失礼なことでもないのだろうか、と。

それから、地区のリーダー的存在の F 女。陽気で世話好きでまとめ役をして下さるようになった F 女に、交流会事業へのお誘いをどう思ったのか本音を問いただしたことがあるのです。「アンタに誘いに来られた時は、そりゃ、落ち込んだものさ。仕方ないとは思っても、福祉の世話になる身に落ちぶれたのかと、情けなくて惨めで一晩泣いたものさ」だったそうです。今だから言えるコト、アンタだから言えるコトと、念押しをしてからの打ち明け話で、ありがたいことだと思わなければならないことは分かっていると添えてくれました。実際、F 女のような方は多かったのです。

余談になりますが、苦情の話をします。

口も悪いし無茶もする私に対する苦情は存外に少なく、丁寧で優しい遠慮がちな当社協職員への苦情の方が圧倒的に多いのです。何故なのか、本当に謎だったのですが、ひきこもり者等調査の時、職員と話をするうちに気付きました。

例えば、要援護者名簿に載せる了解のために一人暮らし高齢者宅を訪問する場合。職員は、**必要性の高い人**、つまり生活保護世帯や低所得世帯等の、社協と関わりの深い人を優先して回ると言うのです。私はその逆だったので、本気で驚きました。お金持ち・名士等のお宅を優先して回るのは、その方たちは厭なら断る力を持つ方たちだから。気分を害させる・怒らせるリスクの高い人たちなので勇気はいりますが、断ることができない・厭を言えない立場の人を優先するのは、福祉の専門職としての私のプライドが許さないのです。

後に職員は、必要性が高いから優先したのではなく、断られるリスクが低く自分が行きやすかったから優先したと、認めてくれました。

一人暮らし高齢者等の方々は福祉の世話になるのだからと、少々の不満は胸に収めて下さっています。ですが、若い方々やそのご家族、まして「ひきこもり」等の微妙な問題を抱えた方々は、黙ってはいません。ですから、当社協職員の自分に都合の良い解釈や甘えは、通用しない事態が数多くあったことを、申し添えておきます。

話を戻して、一人暮らし高齢者交流会事業。その内容をほんの少し変えて挑戦したのです。年に一度、いつも交流会の昼食を作って下さるボランティアさんを、お世話になっているお礼に招待して、逆に昼食をご馳走するという企画です。一人暮らし高齢者の方々は大喜びで、きりたんぽを作ったり焼き鳥を焼いたりの大奮闘でした。ただ、ボランティアさんには不評でした。一人暮らし高齢者が昼食づくりに大わらわでいる時に、何もせずに待っている所在なさ、ただご馳走になることの居心地の悪さに、再度の招待は遠慮したいと言う申し出でした。

さらなる趣向は、ボランティアさんが歌や踊りで楽しませて下さるのなら、こちらもお返しをしましょう、というものでした。一人暮らしでも、歌も踊りも得意な芸達者の方は大勢いらっしゃるのです。婦人会ボランティアや中学生ボランティアや介護ボランティア等、一人暮らし高齢者交流会事業に関わったボランティアさんは皆、言ってくださいました。「一人暮らし高齢者を勝手に何もできない人だと思っていました。そうですよね、一人で暮らせる方々なのですよね。皆さん、高齢でも生き生きしていて、羨ましいです、見習いたいです」と。

このへんにヒントがあるように思うのです。

私たち福祉職は、例えば一人暮らし高齢者の、高齢者が一人で暮らすことの不便さや支援が必要な部分にきちんと焦点を当てずに、その人自身を支援が必要な人だと見てきたのではないでしょうか。身体障害の障害に伴う不便を支援するのではなく、身体障害者という障害を負った不幸な人を支援しようとしてきたのではないでしょうか。福祉制度は対象を定めただけなのに、その対象となった者は弱者だと、勝手に思い込んできたのではないでしょうか。

そんなことも考えていたのです。

9 「ネットワーク活動事業」から「地域福祉トータルケア推進事業」への転換

二〇〇〇年に介護保険制度が始まり、二〇〇二年に藤里町社会福祉協議会事務局長に就任し、「ネットワーク活動事業」を藤里町社協の中心事業に据えて全職員で取り組むと宣言はしたものの、悩んでいました。

介護保険制度の施行は、地域福祉の相関図をガラリと変えました。措置制度から契約制度へ、与えてもらう福祉から権利として利用する福祉への転換でした。その転換に遅れないために介護保険事業所部門の職員の意識改革とサービスの質の向上を目指すほどに介護保険事業が専門特化し、取り残された感の地域福祉部門とかい離していく現状がありました。

だから、全職員で取り組む「ネットワーク活動事業」でした。「ヘルパーである前に、デイサービス職員である前に社協職員であれ」の指示を、具体化するためのツールでした。同時に地域福祉部門に向けた警告、「世情の変化で地域福祉のニーズは毎日変わっている、前年度事業をそのまま行うことが仕事と思っていると、地域から取り残される」「同じ社協職員である介護保険部門の協力も得られない者に、気まぐれな地域住民の協力を取れるはずがない」を、実感させる必要がありました。

私自身が、「ネットワーク活動事業」の有用性や効果に疑問を持っていたにもかかわらず、中心事業に持ってこなければならない苦しさがありました。

そして、ネットワーク担当者の力量不足なのか私の指導力不足なのか、担当が変わると同時に、私が作ったつもりのシステムが崩れていくのを止められない悩ましさがありました。

最初は、担当職員の力量不足が原因だと思っていました。毎日のように私宛にかかっていた福祉員さんや民生委員さんからの電話。担当が変わったことで、「○○地区の××さん、今年はやっと娘の家へ行ってくれたよ」という電話に「はい？　何のお話です？」というやり取りがあり、やがて、地域のネットワーク対象者の変化を知らせてくれる電話はかからなくなりました。情報は、その情報を活かしてくれない所には集まらないようです。

月一回の実務者が集まる連絡会議も、担当者が会議をきちんと滞りなく開催することだけに懸命になるほど形骸化し、法的根拠のない民間の社協主催の会議は魅力やメリットがなければ、やがて欠席者だらけになり開催できない状態に追い込まれました。

そうした現象は、様々な事業や委員会や各種会議にも表れていました。残念なことに、そうした現象に対して当社協職員だけではなく地域福祉を担当とする方々の多くは、自分の力量不足とは言わず、「地域の理解が足りない・得られない」という表現を好むようで、もっと残念なことに本気でそう思っている方もいるようです。

正直、自分に一番腹を立てていました。本当に、藤里町に福祉のニーズ把握・事業展開システムを作ったつもりでいたのです。それは勘違いで、次世代に伝えることもできない、特殊な人間がたまたまできただけの、ただの個人芸で職人芸、だったようです。

私の苛立ちはともかくとして、「小地域ネットワーク活動事業」が時代にそぐわない面や、足りない部分や実効性に欠ける部分等も多くありましたが、社協の中心事業に掲げられる事業は他に見つけられなかったのも事実です。

ならば新しく作るという発想は、当時の私にはありませんでした。

好き勝手をやっているように思われるのですが、基本的に私は、定石を重視するタイプの人間です。不満があっても、国が示した規定や県が作ろうとしている道筋は、基本は守るのです。もちろん、地域の実情に合わせた工夫は欠かさないし、選択の可能な事業は徹底して自分サイドの都合で判断をしますが。

「小地域ネットワーク活動事業」のような事業は、一市町村社協の都合や好き嫌いを言える事業ではないと思うのです。地域に向けて社協の存在をきちんと示すための事業、それは県内すべての市町村社協が取り組むから意義があると思っております。自社協が他の社協より頑張っていることを示す事業（それが選択可能な事業？）とは違うのだと。

またも、テーマから外れて社協かくあるべき論に入り込んでしまいました。

私の基本を守りたい思いとは別に、「小地域ネットワーク活動事業」が、介護保険制度が始まってからは特に、時代に対応できなくなっていたのです。ですから、二〇〇四年には、「小地域ネットワーク事業」を中心事業に置くことは諦めて、地域包括支援事業の受託の検討に入っておりました。民間である社協の独自の「地域ネットワーク活動事業」から、介護保険法の範囲内であるが法的根拠を持つ「地域包括支援事業」を社協の中心事業に置くという、苦渋の選択だったのです。

そんな時に、秋田県社会福祉協議会が、県内すべての市町村社協が取り組む「地域福祉トータルケア推進事業」構想を示したのです。その事業構想は、まさに私が欲しかったモノそのまま。しかも、その事業に先駆けるモデル地区社協は、四つの重点項目に取り組みさえすれば、その方法はそれぞれの市町村社協の実情に応じて工夫も可能ということでした。

もちろん、モデル地区社協に応募し、秋田県社協の想定とはかなり違う「藤里社協方式」を貫き通させて頂きました。

ですから、次章の「地域福祉トータルケア推進事業」の実践は、あくまでも藤里社協方式だということをご了承下さい。藤里方式は、後に受託した地域包括支援センター機能や、さらに受託した障害者自立支援法の地域活動支援センター機能を最大限に活かし、社協が受託することで横繋がりを可能にするとともに、民間である社協の柔軟な対応というメリットを加える、そんな欲張りな構想でした。

10 「福祉でまちづくり」を合言葉に掲げた地域福祉トータルケア推進事業の実践（その1）

二〇〇五年にモデル地区指定を受けて開始した地域福祉トータルケア推進事業は、すでに藤里社協としての構想が出来上がっていた所に、モデル地区指定を受けるために秋田県社協が示す重点項目に沿って組み直したという経緯があります。ですから、最初に県社協が示す重点項目に沿って実践（その1）を事例で簡単に説明すると、藤里社協の実践の軌跡を理解して頂きやすいと思います。その上で実践（その2）を読んで頂ければ、この本のテーマや、弱者を決めたくないという私の基本的なスタンスが、分かりやすいと思います。

私の話は分かりにくいと職員には不評で、新人職員にベテラン職員が、「常務の話は、今は分からなくても三年後には必ず分かるから」と（だから黙って従えと?）申し送りをしてくれてい

参照8　藤里社協独自の五つ目の項目

1）総合相談・生活支援システムの構築

2）福祉を支える人づくり

3）介護予防の為の健康づくり・生きがいづくり

4）福祉による地域活性化⇒「福祉でまちづくり」

5）次世代の担い手づくり

るようです。

外部の方々の多くは私の話を、具体的でとても分かりやすいとおっしゃって下さるのに、肝心の当社協職員には、分からないと言われるのは何故か。最近判明したのは、私が目指せと言うことは当たり前すぎる基本で、実際に自分は実践しているから何を言われているのか分からない、だったようです。三年後に本当の実践ができた時になってやっと、以前の自分の間違いに気付き、三年後に分かるという言葉になっていたようです。

三年後になってやっと分かる指導法とは、効率が悪すぎます。しかも、三年経っても本当の実践ができなかった人には、永久に分かってもらえないのですから。実際、声の届かない相手は、いるのです。

ですが、自分のことは見えなくても他人の間違いはよく見えるものです。ですから、掛け合い漫才のような私と職員のやり取りから、何かを感じて頂けると、思っております。

総合相談・生活支援システムの構築例
――報告・連絡・相談用紙の活用――

当初目指したのは、地域の声を聞き逃さず地域の声を活かすためのシステムで、どうしても実現させたかったのです。

第一の理由が、前章で述べたように担当職員が変わっただけで地域からの情報を活かせなくなる、そんな事態は避けたいという思いでした。優秀で経験豊かな職員を常に配属できればよいのでしょうが、現実的ではありません。優秀な職員だけを揃えたとしても、経験豊かな職員だけに頼っていては次世代が育たないのですから。ならば、地域の情報を活かせる職員に必ずつなぐシステムを作ればよいのではないか、と考えたのです。

第二の理由が、業務が専門特化するほどに、個人のプライバシーを尊重するほどに、情報の共有が難しくなり、社協の組織ぐるみで取り組むという理想から離れるのです。ならば、公的立場の地域包括支援センターの力を借りて、各部門のすべての情報を届け、地域包括支援センターの判断で必要な情報のみを各部門に返すシステムにすれば可能だと思いついたのです。その必要性があったから、地域包括支援センターを受託して中心事業に据える案に傾いていたのです。そこにプラス機能、介護保険制度外の対象や雑多な相談はトータルケア推進事業の相談窓口に下ろしてもらう体制、そんな双方が互いの機能を活かせる解決策があったのです。

第三の理由こそ、思いだけで実行できずにいたこと、頂いた地域からの情報をきちんとフィードバックすることを目指したのです。

例えば地域の民生委員さんから頂いた情報。一人暮らしのAさんが高齢で足腰もめっきり弱くなり家事が大変そう。その情報を受けた相談員がAさんを訪ねた所、ヘルパーを頼みたいという意向。今度は地域包括支援センターやらケアマネ事業所やらが入って、介護保険の認定申請を出し、要介護1の認定が出て、週二回のヘルパー派遣が始まる。と、そうなるまでは二か月以上が経過しており、関わる職員も多数になります。そして、民生委員さんに言われるのです。「ヘルパーが入ったことを教えて欲しかった。ずっと心配していたのに、どうして?」。もっともな話なのです。申し訳なくて、心からお詫びをするのに、それなのにまた同じことを繰り返す。

参照9は、何の変哲もない報告・連絡・相談用紙ですが、真ん中に縦線が入っております。左側が承ったことで、右側がその結果であり回答。頂いた情報には、必ず回答をお返しする、結果を出せなければその報告を必ずする、それを全職員に徹底させるためのツールでした。

参照9　報告・連絡・相談用紙

会長	常務理事	事務局長	包括センター	部門責任者	担当者

報告・連絡・相談　　受付書

平成　年　月　日（　）		平成　年　月　日（　）	
記入者氏名	所属	記入者氏名	所属
	□デイ　□事務局 □ヘルパー　□包括 □ケアマネ　□ぶなっち		□デイ　□事務局 □ヘルパー　□包括 □ケアマネ　□ぶなっち

区分	内容	対策・回答
報告		
連絡		
相談		

□苦情　□ヒヤリ・ハット　□相談

始めたものの、地域から頂いた情報や提言に対して、結果を出せず活かせなかった、という報告の方が多かったのです。怒られても仕方がないという思いで報告に向かえば、「え？　二か月も前の話だろう？　覚えていてくれたのか、そうか、頑張ってくれていたのか」と、自分の情報が捨て置かれた訳ではないと分かると、殆どの方が喜んで下さったのです。そして、さらに気付いたことを、喜んで知らせて下さるようになりました。

改めて、色々なことを考えさせられます。

福祉を支えるひとづくり例
――報告・連絡・相談用紙のもう一つの効果――

前述しましたが、私は事務局長に就任した時に張り切って大演説をしたのです。「デイサービス職員である前に、ヘルパーである前に、社協職員であれ」と、そして小地域ネットワーク活動事業を社協の中心事業とすると宣言して、「どの部門にあっても、どの業務についていても、社協職員だという自覚を持ち、常に社協職員としてのアンテナを張り、地域福祉ニーズの把握に努めなさい」と。

やはり不評で、「ニーズを把握しろと言われてもアンテナを張れと言われても、分からない。何をすればよいのか、具体的に言ってもらわなければ困る」と。

実際、本当に分からなかったようです。

「地域の福祉ニーズに敏感になれ、常にアンテナを張れ」を分かるように説明しろと言われ、様々な試行はしたのです。気付いたことを記録して報告する習慣が必要かと、ヘルパー事業所には（普通の）報告・連絡・相談用紙を、記録の時間が取りにくいデイサービス事業所にはヒヤリ・ハット用紙を活用させてみました。ところが、報・連・相用紙のヘルパー事業所は職員が意欲的になる方向に変わっていくのに比して、ヒヤリ・ハット用紙のデイサービス事業所の方はどんどん雰囲気が悪くなっていくのです。気付きのためのヒヤリ・ハット用紙のはずが、ミスの報告と思うのか、誰が書くかの小競り合いになっていました。しかも、出てくる報告はすべて「申し訳ありません、今後は気を付けます」という代物でした。

日常業務をきちんとこなそうと懸命になっている職員は、そんな些細なことにも、大きく影響されるようでした。ですから、報告・連絡・相談用紙（参照9）として統一したのです。

「何を書けばよいのですか?」というヘルパー事業所やケアマネ事業所には、日報に三行以上書きたい時やケース記録に書けないが気になる時に書けばよいと。

「誰が書けばよいのですか?」というデイサービス事業所には、利用者の転倒場面があったとしたら、関わった全員だと。五分前に大丈夫かなと思いつつ他の業務に就いた人はそのことを、他の業務をしながらたまたま気付いて駆けつけた人はそのことを、朝から調子が悪いと介護者から報告を受けていた人はそのことを。状況を判断するためには、多方面からの見方が欲しいのです、と。

とにかく記録を上げてもらうことを第一に考え、多少の誤字脱字や不適切な表現等は見ぬふりをし、報告か連絡か相談かそして苦情かヒヤリ・ハットかの区分は、地域包括支援センターがやり直しておりました。

そうやって上がってくる報告・連絡・相談用紙のすべてに目を通して回答を返す作業は、なかなか大変なものでした。ですが、気になった箇所にマーカーをして、この部分について詳しい報告が欲しいとか、この視点・この気付きのおかげでヒントが貰えたとか、コメントを返していくと、職員の意識が劇的に変わっていくのが分かりました。何度か繰り返すうちに、求められている視点が分かってくるようで、精査された本当に欲しい情報が上がってくるようになりました。

ですから、改めて職員に対して、これこそが「地域の福祉ニーズに敏感になるということ、常にアンテナを張るということです」と、「介護事業所職員である前に社協職員であれとは、こういう気付きの視点を持つことです」と説いたのですが、あっさり撃沈しました。「こんな簡単なことだったら、もっと早くに言ってくれればよかったのに」だそうです。

諸事情から、最初の二年間は報告・連絡・相談用紙への回答は各部門長を通さずに、私一人でやっておりました。職員が報告・連絡・相談用紙を書くことに慣れて定着してから、今度は回答できる職員（管理職？）の育成にかかったのです。回答をさせて、それに対して私がマーカーや朱入れをするというやり方です。管理職の視点の必要性を言葉で並べるよりも、ケース一つ一つの対応を具体的に示した方が分かりやすいようでした。

一年二年と、報告・連絡・相談用紙に向かっていると、各職員の成長や迷いが手に取るように見えるし、それは管理職職員も同じで、回答能力が格段に上がっていくのです。

ただ、残念なことに（案の定？）、管理職候補職員の中には、自分の処理能力を高める努力よりも、部下が出してくる報告・連絡・相談用紙の書き方に難をつけて件数を減らしたがる者が出てくるのです（それも無意識だから怖い）。報告件数を減らすのは、本当に簡単なのです。「こんなモノまで報告するのか？」と、ちょっとため息をつき、ちょっとだけ厭な顔をして見せれば、それでよいのですから。それでも、最初の二年間で報告・連絡・相談用紙の提出が当たり前になっていた職員への中間管理職の横ヤリによる影響は、それほどではありませんでした。

そして、**参照10**の通り、藤里社協の報告・連絡・相談用紙の受付件数の増加の凄さは驚くほどで、その殆どが、介護保険事業所、特にヘルパー事業所から出ております。その内容や書き方に、思わず、苦笑することもありました。

参照10　苦情・相談等受付件数の推移

平成17年度	平成18年度	平成19年度	平成20年度	平成21年度	平成22年度	平成23年度	平成24年度	平成25年度
197件	1,036件	1,935件	3,288件	3,628件	4,407件	5,310件	8,039件	7,002件

例えば、ヘルパーが訪問先のひきこもり問題をどういう書き方をするのか。「○○さんの介護者さんが、長い間仕事が見つからずに家にいて部屋からも出てこなくなった息子さんが心配だと、三〇分も愚痴をおっしゃっておりました」なのです。愚痴を聞いてやっただけで相談を受けたという自覚がないヘルパー。介護者さんの方も相談したつもりはなく「ヘルパーさん（社協さん）に愚痴を言っても仕方がないけれどね」という気持ち。

なるほど、ヘルパーの仕事は高齢の○○さんのお世話で、それ以外のことは日報にもケース記録にも書きようがなかったのです。

ですが、何か変だと思ってしまうのです。

自分のこととして考えると、おじいちゃんのヘルパーを週一回にするか二回にするかの問題と、自分の息子が家から出なくなっている問題とどちらが深刻なのか。それなのに福祉職は、何でも気軽に相談して下さいと笑顔で言いながら、「息子さんの心配を私に言われてもね」と思い、相手も「社協に言っても仕方がないけれどね」と期待もしていない。

何か変だと思っているから、ほんの少しでも良い方に変えたいと思っているのです。

介護予防のための健康づくり・生きがいづくり例
――元気の源さんクラブ事業の展開――

二〇〇五年から、介護予防事業として六〇歳以上を対象に週一回の「元気の源さんクラブ事業」を開始しました。その内容等は省略させて頂き、地域と対話しながらのその後の事業展開の話をさせて頂きます。

鳴り物入りで始めた「源さんクラブ」でしたが、参加者の殆どが女性で男性は出てこない。個々の老人クラブを誘いに回ったところ、「わざわざ行く気はないが、この集会所まで来てくれるなら参加してやらないでもないぞ」という軽口。社協だから・社協は動くはずがないと踏んでの軽口です。だから「分かった、出張してこの集会所まで来る！」と宣言して始めたのが、「出張・源さんクラブ」です。その話を聞いた介護者さんたちが言うのです。「介護予防は高齢者のためだけなの？　私たち介護者のための介護予防という考え方をしてもいいでしょ？」。そこで、介護予防と言うよりは居場所づくりとしての「みんなの縁側事業」が始まりました。さらに、そ

参照11　元気の源さんクラブ事業の展開

平成17年度	平成18年度	平成19年度	平成20年度	平成21年度	平成22年度	平成23年度	平成24年度	平成25年度
60歳以上 週1回開催	60歳以上 週1回開催	60歳以上 週1回開催	60歳以上 週1回開催	60歳以上 週1回開催	60歳以上 週1回開催	60歳以上 週1回開催	60歳以上 週1回開催	60歳以上 週1回開催
	・出張・源さんクラブ	・出張・源さんクラブ	・出張・源さんクラブ	・出張・源さんクラブ	・出張・源さんクラブ	・出張・源さんクラブ	・出張・源さんクラブ	・出張・源さんクラブ
		・みんなの縁側事業 介護者対象 月1回開催	・みんなの縁側事業 介護者対象 月1回開催	・みんなの縁側事業 介護者対象 月1回開催	・みんなの縁側事業 介護者対象 月1回開催	・みんなの縁側事業 介護者対象 月1回開催	・みんなの縁側事業 介護者対象 月1回開催	・みんなの縁側事業 介護者対象 月1回開催
						「をとこ組」年5回開催	「をとこ組」年5回開催	「をとこ組」年5回開催
	・「こだわりの縁側」事業の検討	・「こだわりの縁側」事業の検討			「こみっと」開設	「くまげら」開設		

れぞれ特技を持つ方々が「源さんクラブ」の単なる参加者ではもったいないと、参加者に研修を受けてもらってそれぞれに「源さんクラブ」の助っ人として登録して頂き、その時々のメニューのスタッフや指導者になって頂く「源助さん」制度もできました。今日は参加者でも明日はスタッフで指導者になる、そんな制度です。そして、やっぱり男性だけの集まりも必要だと「をとこ組」も出来ました。

　そんなノリで展開しておりましたから、ひきこもりの家族の方からも声が上がったのです。「社協さんは高齢者の居場所づくりには一生懸命なのよね。アナタ、うちの息子にいつも頑張って外に出ろと言うけれど、藤里町のどこに、うちの息子が行けるような場所があるの?」と。昔の、動かない社協、前年度通りの事業を滞りなく行うことに懸命の社協には届かなかった声だと、思っているのです。

福祉による地域活性化例⇓福祉で町づくり
――ふれあいマップの作成――

「福祉のまちづくり」ではなく「福祉でまちづくり」、この合言葉は、当社協の（いえ、私の？）超えることは不可能と思い込んでいた福祉のタブーや常識の垣根を、一気に取り払ってくれました。

例えば、ふれあいマップづくり事業。

空き店舗を利用して高齢者が集えるサロンを作るべきだという提案があったのです。それまでも何度かあった企画でしたが、私が反対していたのです。高齢者が本当にサロンを求めているのか、そして空き店舗を社協が利用することで地域の活性化につながるのか、かなり懐疑的だったのです。

ですが、職員もボランティアさんも、やるべきと目を輝かせて言うので、本気で取り組むべき時かと思って、リサーチに乗り出しました。

「バス待ちをしているような高齢者は喜ぶと思うよ」と、自家用車を持っている七〇歳代のボランティアさんたちが言うのです。つまり、自分たちは利用する気はないし、自分たちは対象者ではない、ということのようでした。

ならば、と、八〇歳代の元気な老人クラブさんたちに聞いてみました。「いいことだ、いいことだ。年寄りは喜ぶと思うよ」と。どうにも、喜ぶ年寄りに自分たちは入っていないようなのです。

今度は、当社協の比較的元気なデイサービス利用者に聞いてみたのです、選べるとしたらデイサービスではなくサロンに行きたい？「どっちだって同じさ」というお答え。「出かけるのが厭になったんじゃない。仲間は死んでいくし、友達はボケるし、出かけたい場所がなくなってしまったのさ」と、ならばサロンならと言いかけて鼻で笑われました。「介護してほしくてデイサービスに来ている訳ではないのさ。アンタたち職員はそれは良くしてくれるが、そのために来ているんじゃない、話せる仲間や友達に会いたくて来ているのさ。だから、どっちでも同じさ」。

さらに、バス待ちの老人クラブさんたちに聞いてみたのです、サロンが欲しいか、と。そして、意外なお答えを貰いました。バス待ちをさせてもらえる場所ならあるから、必要ないと。ある人は〇〇電気店で、自分は一〇年前にもテレビを買ったし、次もまた〇〇電気店で買うつもりでお得意様だから、いつでも立ち寄ってほしいと言われているのだと、誇らしげでした。他のある人は、△△写真店の店主は話好きで、自分が立ち寄るのをいつも楽しみに待っているのだと教えてくれました。

なるほど、藤琴商店街のどの店内にも、椅子やソファがデンと置いてあり、市日（一がつく日に開催される市の日）には、楽しげにお喋りしている光景を思い出しました。

そこで、確認のために商店街の方にも聞いてみました。空き店舗を利用してのサロンの開催、人通りの絶えた商店街に賑わいを取り戻す一助になりません？　思った通りにけんもほろろのお返事。「やかましい、社協が商売の邪魔をするな」と、さらに「それでなくても少ない客を社協が盗る気か？」。

本当に、社協がわざわざサロンを作らなくても、商店街にはすでに存在していたのです。高齢者が気持ちよく自分が主役になれる専用のサロンが。

商店街にまるごとサロンになってもらい、社協はその紹介マップを作るという案は、素晴らしいと思ったのですが、なかなか進展しませんでした。

何故？　商工会の執行部も青年部も女性部も、この話を持ちかけると諸手を上げて賛成だ、頑張ってくれと言い、「ただし、手伝えないけれど」と言うのです。商工会を構成する商店は藤里町全域に存在する関係で、藤琴地区の一部特定の商店を対象にしたマップ作りに協力するのは都合がよろしくないそうです。だから、「福祉なら、利害関係のない社協なら可能かもしれない」そうで、だから頑張れとエールを送られました。

ですから、商店街まるごとサロン構想に賛同してふれあいマップ加盟店になって下さるように一軒一軒を回る羽目になり、これがまた厄介でした。どの店主もどの店主も、ご協力をと持ちかけただけで、「ダメダメ、そんな暇はない」と首を横に振るのです。

例えば◯◯電気店の店主。お得意様を自称する高齢者に頼まれれば、電球一個の配達のついでの時もついでがない時も、米やら醤油やらを買ってお届けしている人です。当社協のヘルパーが入っているにもかかわらず、ヘルパーに頼まずに店主さんに頼むし、気軽に頼まれている人なのです。それなのに「ダメダメ、福祉に協力している暇はない」なのです。

××プロパンの社長さんは身軽な人です。私が「ふれあい安心電話」事業の担当だった頃、一人暮らし高齢者宅に設置したふれあい安心電話が電源異常を起こして駆け付けると、何故か××プロパンさんが呼ばれていたものです。面倒くさいと××プロパンさん、「その何とか電話の仕組みをオレに教えろ。どのみちオレは、ガス漏れかもしれないと呼ばれりゃ駆け付けなきゃならないのだから、アンタはその暇があったらきっちり福祉の仕事をしてな」と、そんな××プロパンさんなのに「ボランティアとやらは、難しすぎて、オレにはムリムリ」なのです。

そこで、店内に置かれた椅子を指して「お年寄りがその椅子で休ませてくれと言った時、何も買わないならダメだと断るの?」と言えば、断るはずがないそんな不人情はしないという返事。「そのお年寄りにのどが渇いたと言われれば、水の一杯、お茶の一杯、出しているでしょうが?」と言えば、当たり前だろうが、言われなくても出す、と。

「だ・か・ら! それをやってくれと言っているの!」と言えば、どの人も怪訝そうに、たったそれだけでいいのか?

皆さん一体、福祉をボランティア活動を、どれほど難しいことだと思っていたのでしょう。

ふれあいマップを作成してからの後日談です。サロン加盟店さんには募金箱を置かせて頂き、職員が月に一度回収に伺っているのですが、店主さんたちは中身が少ないことを気にして「このまま帰ったら常務に怒られるんだろ?」と、そっとお札を入れてくれるのだそうです。

そんなこと以外にも、商工会さんや商店街さんとは、タイアップしての事業が多くなっております。

「福祉のまちづくり」ではなく「福祉でまちづくり」。発想を変えたら、福祉でもできることや福祉だからできることが、色々ありました。

次世代の担い手づくり例

二〇〇五年から「福祉でまちづくり」を合言葉に始めた地域福祉トータルケア推進事業でした。モデル地区として四つの重点項目に取り組み、三年間のモデル地区指定を終えた時、ごく自然に藤里町社協独自の五つ目の重点項目が上がりました。

高齢化の進んだ過疎の町で、やはり若者支援は必要だよね、と。

その三年前には思いもよらなかった五つ目の重点項目です。新たな重点項目が必要だとあっさり受け入れられた時、その課題に取り組める社協、取り組んでほしいという期待を持ってもらえる社協に、ほんの少し近づいたようで、嬉しかったのを覚えております。

11

「福祉でまちづくり」を合言葉に掲げた地域福祉トータルケア推進事業の実践（その2）

――さて、ここからが本領発揮と頑張ります――

参照12は、藤里町社協の地域福祉トータルケア構想の役職員への説明用のフロー図です。毎年少しずつ変えているのですが、説明のために二〇〇八年のフロー図を載せました。

それでは、フロー図を説明させて頂きます。

社協組織の役割・機能とは、Ａ：地域の福祉ニーズを敏感にキャッチした上で、Ｃ：今あるサービスをきちんと評価し必要なサービスを新たに企画し、Ｂ：地域の福祉ニーズに応えるよう公私の福祉機関・団体等のサポートに努め、かつ必要な場合は自らがサービス提供機関となり、Ｄ：地域の福祉ニーズに応えているかの評価をし、常に提言し続ける姿勢を持つことである。

こだわるべきは地域に弱者を作らないという視点である。①福祉ニーズを持つ方として、一人

参照12　藤里町トータルケアフロー図

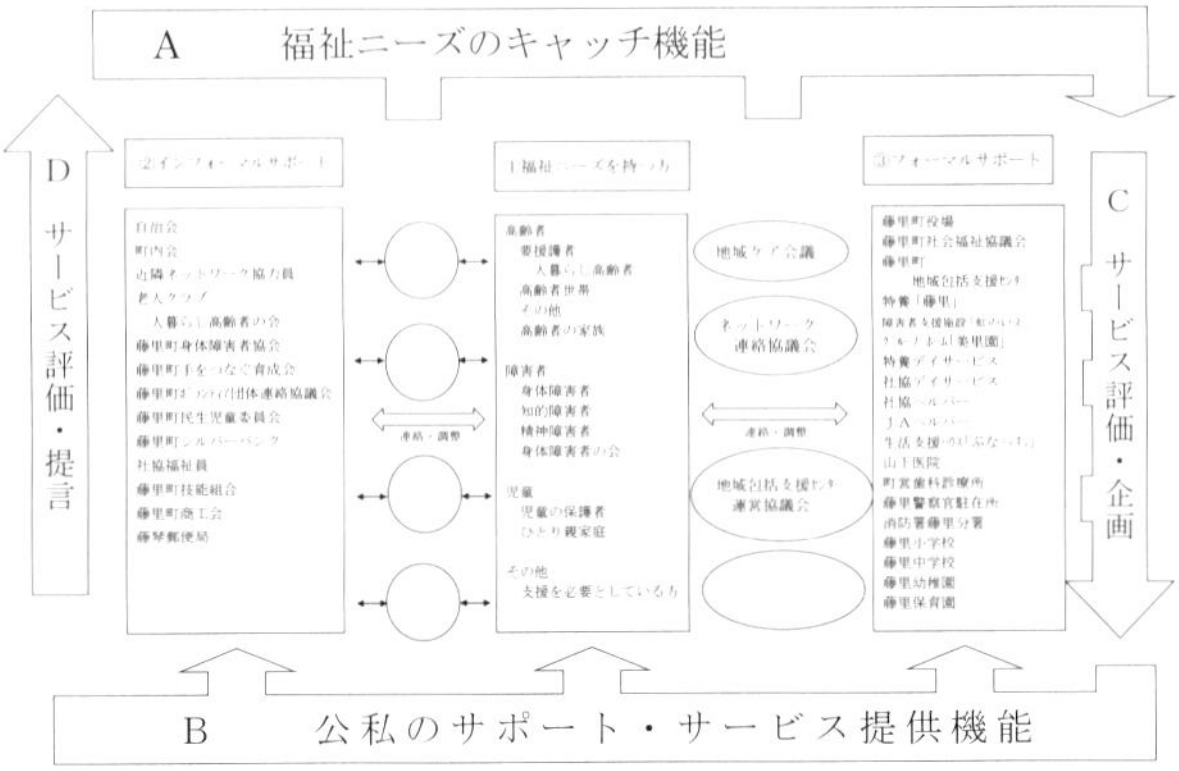
A　福祉ニーズのキャッチ機能
D サービス評価・提言
C サービス評価・企画
②インフォーマルサポート
自治会
町内会
老人クラブ
藤里町身体障害者協会
藤里町手をつなぐ育成会
藤里町民生児童委員会
社協福祉員
藤里町技能組合
藤里町商工会
1 福祉ニーズを持つ方
高齢者
要援護者
高齢者世帯
その他
高齢者の家族
障害者
身体障害者
知的障害者
精神障害者
身体障害者の会
児童
児童の保護者
ひとり親家庭
その他
支援を必要としている方
連絡・調整
地域ケア会議
ネットワーク連絡協議会
地域包括支援センター運営協議会
③フォーマルサポート
藤里町役場
藤里町社会福祉協議会
藤里町
地域包括支援センター
特養「藤里」
グループホーム「美里園」
特養デイサービス
社協デイサービス
社協ヘルパー
JAヘルパー
藤里警察官駐在所
消防署藤里分署
藤里小学校
藤里中学校
藤里幼稚園
藤里保育園
B　公私のサポート・サービス提供機能

暮らし高齢者や障害者が存在する。だがその方たちは同時に地域福祉を支える人たちでもあり、②インフォーマルサポートとして活動して下さる方々にもなるのだ。社協組織は①福祉ニーズを持つ方として支援すると同時に、地域の一員としてその人らしく生きる上で、②インフォーマルサポートとして活躍できる場を提供することに努めるものである（↔○↔の○の中には社協事業・業務が入る）。そして、③地域の様々な機関と連絡を密にし、連絡・調整に努めるものである（地域ケア会議等をきちんと活かせていない現状があるため、↔を付けずにいる）。

とまあ、一生懸命に考えたフロー図でしたが、こんな説明は地域の方々はもちろん、役職員も殆ど聞いてはくれませんでした（日本地域福祉研究所の大橋理事長だけは、このフロー図に大きな関心を寄せて下さいました。アナタ、自分が何をやろうとしているのか、本当に分かっている？　凄いことに取り組もうとしているんだよ？）。

それでも、最初のフロー図には載っていなかった商工会の名前。ふれあいマップ事業後に商工会さんの方から、事業計画を作成するから社協として協力してほしいことがあったら先に言ってくれと連絡を下さる関係になり、②インフォーマルサポートに商工会を新たに入れると、その時になってやっと、なるほどと思ってもらえるのです。「へえ、ちゃんと考えて作ってあったんだ」と。

今一度、地域福祉トータルケア推進事業の実践を振り返ってみます。

「福祉のまちづくり」から「福祉でまちづくり」への転換。それは、高齢者や障害者等の弱い部分や不足の部分がある人・弱者に対して、支援の手を伸べる優しさを地域に求めたまちづくりから、高齢者や障害者等の弱い部分や不足の部分を補い支援することで、彼らの力を活かせる町づくりへの転換でした。そう、地域福祉実践における弱者支援からの脱皮を目指したつもりだったのです。

弱者支援からの脱皮を目指せば、どんな実践ができるのか、どんな作用・反作用が起きるのか、予期できなかった失敗や見当違いの成功も含めて、どうぞお楽しみ下さい。

シルバー人材センター事業からシルバーバンク事業への移行

介護保険制度の施行前は、ヘルパーの業務内容の規定はありましたが、田舎町で実際の運用はかなりアバウトなものでした。

ですから、ケアマネジャー兼務の事務局長として、ヘルパーさんたちにヘルパーの仕事として認められない（請求できない）業務、窓ふき・居室以外の掃除・庭の草取り等はできないことを納得させるのは大変でした。ある日訪問先で、「常務の仰せはごもっとも、私は規則を守ります！」と宣言していたAヘルパーの仕事ぶりを見ることになったのですが……。利用者さんと和気あいあいと畑仕事の最中で、「え？　畑仕事がダメなんて、庭仕事じゃなくて畑仕事ですよ？」と、かなり憤慨した様子で、まさかと思いつつ「マキ割り仕事なんてしていないですよ、ね？」と聞いたところが、「はい？　マキ割りまでもダメなんて、そんなひどい話はないですよね？」と、泣かれました。

藤里町で生活保護費以下の年金で細々と暮らしている一人暮らしの老女たちの場合、窓ガラスが汚くても庭が雑草だらけでも、生きていけます。ですが、畑の野菜がなければ野菜を買うお金が大変で、灯油代が苦しくても親戚の善意で貰えるマキ材があるから冬が過ごせるという暮らしの方が多いのです。

ですが、お気の毒だからと言って、ヘルパーの過剰奉仕を見逃すという発想は私にはないのです。私が見逃したとしても地域は見逃さないし、何よりご本人が望まないでしょう。

地域福祉実践の難しさ。特別扱いの善意は長続きしないのです。

例えば、皆さんが払う介護保険料から給与を得ているヘルパーが、善意で特別に、畑仕事の手伝いをしたとすれば、どういうことが起こると思います？　ご自分の胸に手を当てて考えて頂きたいのです。

近所に住む一人暮らしの老女。その人が、くたびれた服に擦り切れた靴でトボトボ歩いている不幸そうな人なら、アナタは仕方がないと思うかもしれません。でも、長男が大会社で出世しているることを自慢にし、他人のあら捜しが大好きな老女だったら？　あるいは、つつましい年金暮らしとはいえお洒落でこぎれいで、貯金もありそうだし、時には楽しげに老人会の旅行に行ってきた話をする老女だったら？　片や自分は子供の教育費のためとパートを掛け持ちしても生活は苦しく、旅行も貯金もままならない状態だったら？

すると、どうなるのでしょう。ヘルパーに畑仕事を頼むのならば、自慢の息子にやらせるべきだろうという非難の声。ヘルパーに畑仕事をさせているくせに、自分は老人会で遊び歩いているという冷たい視線。

そして殆どの場合ご本人は、特別の善意を拒否するようになります。

地域は優しくもなれるし、とても残酷にもなれるのです。それを、人間性の良し悪しの問題にすり替えないで下さい。事実と受け止めて頂きたいのです。

福祉の支援が自分より不幸な人に向けられる場合は問題ないが、自分より恵まれている人が快適を享受することには納得がいかない。そんな思いは多分、誰の胸中にもあるのではないかと思っております。そのことの是非は、この際どうでもよいと言うべきか、そこをタブー視することを拒否したいと言うべきか。ただ、それが現実、地域福祉推進がとても難しくなる原因の一端になっていることを、申し上げたいのです。

ここで少し、逆の立場で考えて下さい。

ヘルパーに少しだけ畑仕事を手伝ってもらうためには、近所の誰よりも不幸で誰よりも卑屈な立場に甘んじなければならないとしたら、アナタなら我慢できます？　そんな福祉サービスを、欲しいと思います？

介護保険制度の施行で、与えられる福祉から利用する福祉に変わったとはいえ、地域福祉実践の現場では、相変わらずの弱者を支援するのが福祉だという思い込みや常識が根底にあります。それは、私たち福祉職の者も例外ではありません。

ですから私は、地域で暮らす方々の支援を考えた場合、特別扱いの善意は長続きしないと思っているのです。だから、特別の善意を持つべきと叫ぶのではなく、ほんの少しのお互い様が通用する仕組み、お互いが妥協できるラインを探り続けております。

その試行錯誤の過程や成果（失敗も含めて）を、是非知って頂きたいのです。

取りあえずは、一人暮らし老人の会仲間の元気な男性たちに声をかけました。○○さんたち、困っているみたいだよ、と。実際、頼まれもしないのに、自分が住む地区の一人暮らしの老女宅すべての除雪を黙々とこなし、一人暮らし老女の荒れた畑の手入れをし、ただの近所の助け合いで「オレはボランティアは嫌いだ」と言い続ける一人暮らし男性は、一人二人ではありませんでした。

そして、社協が事務局をしていたシルバー人材センター登録者に登録のし直しをお願いしました。高齢者の生きがいづくり・職業斡旋の意味合いが強くなったシルバー人材センター事業を、改めて社協が始めた当初の、地域貢献・地域ボランティアの担い手としてのシルバーバンク事業に移行する了承を頂きました。

窓ふきに庭の手入れにマキ割りにほんの少しの畑仕事の手伝いに雪かき。ヘルパーができなくなった片手間の仕事を請け負ってくれる、しかも、ほんの小遣い銭程度の低額料金でも請け負ってくれるという方たちが、改めて登録者になって下さいました。

有償ボランティア的な小口の仕事を主流にするように変えたので、職員の手間だけが増えたのですが踏ん張りました。そして、年間予算二〇〇万円規模の事業から始めて、一〇年で一〇〇〇万円を超える事業になり、「こみっと」バンクと協働し、さらに今、新しい展開が期待されています。

意外なことに、ほんのちょっとの片手間仕事を、頼む方も頼まれる方も、無料のボランティアより有料のシルバーバンクを喜んだのです。頼む方は「お礼のお酒だの菓子折りだの、何が良いか考えるのも大変だし、ちゃんとお金を払った方が頼みやすい」と言い、頼まれる方も「困っていると思ってついでにやっただけなのにお礼を持ってこられて、余計なことはやめようと思っていた。社協が間に入ってくれれば気が楽だし、オレにできることなら言ってくれ」だそうです。

小さな田舎町の助け合いのはずがいつの間にか、苦しめ合いになっていたのでしょうか。だから、社協だからできること・福祉だからできることがあったようです。

ヘルパー事業所の挑戦

介護保険制度の施行で利用する福祉という意識が芽生えたせいか、利用者や利用件数が格段に増えました。

私は、ヘルパーの家事援助は必要と思っている人間です。一人暮らし高齢者世帯や高齢者のみ世帯が増える中で、ヘルパーの家事援助がなければ施設に直行するしかない高齢者が確実に増えると思っています。

高齢者の主婦（あるいは主夫）は、身体能力や記憶力が衰えるとすぐに家事に影響します。毎日の掃除機がけが週一回に、月一回になり、ストーブや炬燵が夏でも出しっぱなしになり、次第にゴミ屋敷化していきます。すると、お客様好きだった人も来客を嫌がるようになり、行動範囲も狭くなっていくのです。調理もそう。朝昼晩を手作り料理できちんと取っていたご夫婦が、朝は菓子パンで済ませて、食卓には買ってきた惣菜が並ぶようになり、栄養状態はひどく偏ったものになるのです。

ヘルパーに頼って家事をやらなくなる弊害はもちろんありますが、ヘルパーの利用の仕方の問題だと思っています。

実際、週に一回の隅々までの掃除機かけと重いモノの整理を手伝ってもらえれば、自分でできる毎日のちょっとした掃除で、以前と変わらない生活を取り戻した人もおります。週に一回のヘルパー訪問時に、手間のかかる好物の野菜の煮つけ等を二〜三品作ってもらい、後は自分でできる料理で工夫した所、塩分過多やビタミン不足による不調が改善された方もおります。自分でできることは自分でやると、ギリギリまで我慢していた方の場合、ヘルパーを派遣しても在宅生活は困難で施設入所を勧めるしかない場合が多いのです。そして皮肉なことに、施設で栄養を考えた献立と規則正しい生活や清潔の習慣で、一年もしないうちに在宅の一人暮らしも可能な健康状態を取り戻す方もいますが、諸事情から戻る方は殆どおりません。

長々と書きましたが、言いたいことは、そのことではありません。ヘルパーによる家事援助が必要だと思っている私でさえ、急増するヘルパー派遣依頼に疑問を感じた、という話がしたいのです。

例えば、雪道で老人車が使えずバス停までの距離が辛いという理由からの、冬期間の買い物依頼。交通手段が整っていれば、自分で買い物ができる人なのに、という思い。他人に買い物を頼むことは、思いのほか大変な作業で、「カレー粉でしょうか、ルウでしょうか」「はい？　カレーを作る時に使う普通のヤツでいいけれど、あの箱に入った普通のヤツで」「はい、ルウの方ですね。それでは大か小か、さらに小さい箱もありますが、どちらになさいます」「えーと、その、小さい方で……」「それでは銘柄を教えて下さい」「はい？」「種類は色々ありますが、どれになさいますか？」そんなやり取りが果てしなく続き、二回目三回目以降は、買い物リストには毎回同じモノしか並ばなくなるようです。

妻に先立たれて台所のことはさっぱり分からない一人暮らし男性からの、週に七回調理の依頼。この年で今さら調理を覚える気はない、という気持ちも分かるのですが……。

ヘルパー派遣の依頼が増えて事業所が潤うのは良いのですが、税金の免除を頂いている社会福祉法人が運営するヘルパー事業所としては潤うことばかりも考えていられないのです。その方にとって本当に必要なサービスなら良いのですが、必要性に疑問が残るサービス提供や過剰サービスは、結果的にはご本人も含めた地域住民の介護保険料の増大という形で跳ね返ってくるのです。住民の不利益につながる事業所運営は、一時の利益と引き替えに不信を生みます。

ということで、ヘルパー事業所がヘルパー利用のお客様限定で始めた、月二回の「お買いものツアー事業（様々な法律に反しない範囲での事業です）」。そして、やはりヘルパー事業所が始めた週五回の「配食サービス事業」は、対象者はどなた様でも、ただし社協の厨房体制の範囲内の一日三〇食限定の事業です。

ヘルパーを頼まなくても自分の目で見て買い物ができるのは嬉しいようで、皆で一緒の買い物は、また別の効果もあったようです。レシピ付きのお弁当、配食サービスの方は、こちらは狙い通りにはいかず、レシピを見て自分で作ってみたいからヘルパー派遣時に作り方を習いたいと言ってくれた人は、約一名のみでした。

高齢者のみ世帯の急増による地域福祉課題への対応例

CSW（コミュニティソーシャルワーク）実践として、ゴミ問題で困っているAさんの問題・除雪で困っているBさんの問題を、個人の問題と捉えずに地域の問題と捉える、という考え方に賛同しています。ただ、その手法として、私は私流を押し通したいのです。

ネットワーク活動方式（困っているAさんを地域の支援者が囲む図）からの脱皮で、藤里方式トータルケア事業フロー図（要支援者＝支援者）への転換です。

当初の構想は、支援が必要な人も支援されっ放しの人ではなく支援する側にもなれる、その可能性を活かすことこそが地域づくりにつながる。その程度の思いでしたが、活動を続けるうちに、ちっぽけな私の思いをはるかに超えた動きにつながっていったのです。

例えばゴミ屋敷化したAさん個人の困り事には、もちろん対応しますが、それはあくまでも個々人への対応であり、支援です。ただ、そのことから地域に住む人共通の地域福祉課題としてのゴミ問題を取り上げて解決策を探るというスタンスです。

少し、分かりにくいですよね。

例えば当社協では、ゴミの分別問題が出た時に、厄介なゴミの分別に対応できずに困っている人たちに向けて、ヘルパーを中心に支援チームを作り、走り回っていました。一人暮らし高齢者等を想定していたのですが、若い層の方から、ゴミ捨てに関する近隣とのトラブルの相談が寄せられたのを覚えております。

ゴミ問題で困っているのは、高齢者だけではない？　何か、とても大切な何かを思い出しそうな気がしていました。

そして、除雪の問題。豪雪地帯と呼ばれる藤里町でも、特に雪が多かった年の話です。例年よりも早く一二月から降り始めた雪は年が明けても来る日も来る日も降り積もり、雪処理には馴れている藤里町の人たちもさすがに疲労困憊の状態だった頃です。

そんな時に県社協から声がかかったのです。大雪で困っている藤里町の一人暮らし高齢者の支援のために、全国からボランティアの人たちが集まって下さるのだと。

困ったことになった、それが、正直な思いでした。藤里町でも特に雪深い北部地区でボランティアを受け入れることが決まってからも、迷っていました。

ボランティアの受け入れには手間暇がかかることは確かですが、当社協はボランティアの受け入れには馴れており、通常の雪処理では追いつかない状況でのボランティアの申し出は、とてもありがたかったのです。それなのに、困ったことになった、という思いに変わりはなかったのです。そして、マスコミも取り上げてくれるという話を聞いた時は、これはもうダメかと思いました。

藤里町の一人暮らし高齢者等の雪処理支援は、二重に三重に組まれて手厚いのです。毎日の雪処理は近隣の協力員さんが、そして処理しきれない時は町の補助で業者による重機を使った雪処理、それでも間に合わない時は中学生や行政の若手職員によるボランティア支援があり、有料のシルバーバンク支援もある。

通常の冬は、十分対応できている雪処理対策でしたが、何しろ、誰もが音を上げる大雪だったのです。近隣協力員は疲れ果て、シルバーバンクさんも手一杯で、頼みの業者さんさえ作業員にこれ以上の無理はさせられないと首を横に振る状態。それでも踏ん張って、何とか皆でしのいでいる、そんな状態の時に来てくれる一人暮らし高齢者のためのボランティアさん、その活動をたたえる報道になるのだろうし、皆が帰った後の光景を思い浮かべると、ぞっとしました。

雪に埋もれた北部地区の、一人暮らし高齢者の家の周囲だけが綺麗に除雪された光景。いつも自分の家の除雪は後回しで、一人暮らしのA女宅の除雪をしてくれる心配性のBさんは何を思うのだろうか。近隣のCさんは？　Dさんは？　雪で困っているのは、北部地区の人たち全部なのに、それでも、困っている人を何とか助けたいと頑張っているのに……。

ですから、思ったわけです。ボランティアさんが来てくれるのは大歓迎、ただし、雪で困っているのは北部地区の人全部なのだから、一人暮らし高齢者のための事業では終わらせないぞ、と。そして、こんな時こそ自治会費を使えと自治会さんを口説き、民生委員さんや福祉員さんを巻き込み、老人クラブさん等の協力を取り付け、「北部地区一斉除排雪事業」になったのです。

全員参加を掲げた「北部地区一斉除排雪事業」の参加の仕方はこんな風。

「自治会費でローダーを借り上げるので、家の雪を道路にかき出せば、業者がその処理を致します。その作業が困難な人は申し出て下さい、ボランティア等が対応いたします。この大雪の冬を乗り切るために、全員参加で頑張りましょう」。そして、「体力に自信のある方は労働で参加して下さい。その力仕事組を支える炊き出し部隊としての参加も歓迎です。体力に自信のない方は、火の番でも結構です。米・味噌・野菜等の持ち出しでの参加も大歓迎です」とうたいました。

あちこち無様なことはありましたが、何とか、結果オーライでした。

始まりは友好的とは言い難い雰囲気。地元の方々は白い目でボランティアさんを見やりながら自分の家の作業に没頭し、ボランティアさんは馴れない作業で割り当てられた場所の作業に専念し、誰もが九時から一五時と限定された時間内に自分の持ち場を何とかすることに夢中で、他を構っている余裕はなかったのです。

北部地区の中でも山間に点在する集落の人たちが、「小型ローダーを出してもらったおかげで、大変な状況の家の除雪は大方済んだ、何を手伝えばいい?」と、やって来てくれたところから雰囲気がガラリと変わりました。「オレの方は大丈夫だから、〇〇ばあさんの家を見てやってくれ」という声が出てきたのです。

炊き出し部隊が心をこめた豚汁におにぎりの昼食を終えてからは、あちこちで感動で泣けてきそうな場面に出会いました。

「××の家は今年は出稼ぎで、年寄りだけだから手がまわっていないんだ」と、ボランティアさんを引き連れてカマクラ状態の家に向かう人。「私の家は大丈夫です。夫が帰ってくればやってもらえるから。それより、△△さんの家を見てもらえます? おばあちゃん一人で大変そうな

除排雪作業の様子。向こうに見えるのが小型ローダー

のに、隣なのに、なかなか手伝ってあげられなくて。どうかお願いします」と若いお嫁さんが言い。とにかくどの人も、自分の家はそっちのけで、疲れているはずなのに時間ぎりぎりまで、心配な家の雪を何とかしようと必死で頑張るのです。

毎冬、除雪ボランティアで頑張ってくれる役場の若手職員の言葉も嬉しかったのです。一人暮らし高齢者の家の周囲を除雪する時はいつも、おばあちゃんが家の中でテレビの音も立てないように息を潜めているのが分かる、すまなそうに「ありがとう、ありがとう」と何度も頭を下げられる。そのおばあちゃんが、得意そうに誇らしげに「ウチの畑の人参だ、今年は特にうまいぞ、いっぱい食べてくれな」と豚汁を勧めて

くれたそうで、「こんなボランティアだったら、いつでもやるぞ」と、本当に嬉しそうでした。

雪に埋もれていた北部地区が見違えるように蘇った「北部地区一斉除排雪事業」が、皆の笑顔で終わり、翌日はまた雪。あっと言う間に三〇センチ四〇センチは積もり、また、雪に埋もれた景色に……。正直、あれだけ大騒ぎで駆り出された挙句が元の木阿弥だと、北部地区の皆さんの不機嫌さを思いながら、様子を見に出かけたのですが、雪かき仕事の皆さんは輝くような笑顔で迎えてくれました。

「後は心配するな。なあに、コレでいつもの冬に戻ったってところだな。後はオレたちにまかせておけ」「そうそう、社協さんにアレだけ頑張ってもらったんだから、一人暮らしだろうがなんだろうが、後はオレたちが頑張らなきゃな」。そんなことを口々に言ってもらい、この事業を実施して本当に良かったと思った瞬間でした。

と、ここで終われれば良いのですが、黙ったまま終わろうとも思ったのですが、隠したと思われるのも癪《しゃく》なので、ちょっとした失敗も報告しておきますね。

自治会が借りたローダー一台では足りないかと、役場の建設課にも重機を出してもらえないか、お願いはしていたのです。生活道の確保が優先で、雪の状態によるから確約はできないという返事でした。

しかし、ローダー一台は確保していたので、かなり強気で、役場の協力がなくてもできる気でいたのです。雪をなめていました。見上げる高さの役場の大型重機三台が豪快に働き、休みなく雪をかき出してもかき出しても山のような雪は一向に減らず……。その横で借り上げた小さなローダーが動き回る姿はまるで、大人と子供と言うより、象とアリの姿を連想させる情景でした。役場の担当には人知れずに結構に怒られていました。「どうせ、何とかなると思っていたんだろうが？　馬鹿かアンタは。モノを知らなすぎる、雪を甘く見すぎている。大雪で重機を出せなかったらどうなるか、俺が心配してやっているのに、どうせアンタは気にしていなかったんだろうが」などと。

ごもっともでございます。ですが、役場が重機を派遣してくれなかったらどうなったかとは、あまり、考えないことにしています。結果オーライだったのですから。

「北部地区一斉除排雪事業」が結果オーライで終わったことに味をしめた訳ではありませんが、考え方が大きく変わったことは確かです。自分で勝手に決めていた福祉の限界が、変わってしまいました。

地域福祉トータルケア推進事業のフロー図（八二ページ参照12）を作った時、福祉ニーズを持つ人は同時に支援する人にもなれる、そんな発想でした。地域福祉が対象とするのは、特定の弱者ではなく単に福祉ニーズを持つ方で、焦点を当てるべきはその時その状況による地域福祉課題に対してであって、限られた対象者ではないと、確かにそう思いながら作っていたのですが。

ですが、地域福祉課題としてゴミの問題を考え、雪の問題として「北部地区一斉除排雪事業」を終えて、ふと地域福祉トータルケアのフロー図を眺めた時、気が付いたのです。

福祉ニーズを持つ方とは、何のことはない、地域に住む人全部じゃないか、と。そう考えると、支援するインフォーマルサポートの側も、地域に住む人全部になるじゃないか、と。

弱者を決めたくないとか、支援する人・される人の区別を付けたくないとか言いながら、私自身が偏見(?)だらけだったことに、やっと気付いたのです。それでも、地域福祉の対象者は地域に住む人すべてだという当たり前すぎることを、遅ればせにやっと気付くことができました。

そんな思いでふと、「お買いものツァー事業」を見直すと、冬期間に買い物に出られなくなる人たち対象の事業であると同時に、買い物客が減っていく商店街の問題にもなるという考え方も浮かんできました。

それまでも結構に自由な考え方をすると言われる私でしたが、より自由に考えるようになりました。ですから、どうぞ、今後の展開にもご期待ください。

高齢化の進行により若者にとって住みにくい町になっているという地域福祉課題への対応

高齢化率四二％を超えた町とは、皆さんのイメージではどんな町なのでしょうか。

私がいつも老人クラブさん相手に言っているのは、こういうことです。圧倒的に高齢者比率が多いから、福祉施策も高齢者中心になり、町自体も高齢者仕様の町になっている。だから高齢者にとっては住みやすい町になっているはずです。例えば、東京の若者の街渋谷あたりでポツンと住むことを考えれば、高齢者にとって高齢化率の高い藤里町に住むこと自体はメリットの方が多いのかもしれません。

その逆を考えれば、若者にとっては住みにくい町かもしれない、と思っております。

前述の自由な発想になってから、シルバーバンク事業の可能性を考え直してみました。きっかけは多分「北部地区一斉除排雪事業」を実施した年の地区座談会で、若い人からの何気ない質問でした。除雪の苦労話で盛り上がっていた時に「私たちでも、シルバーバンクを使ってもよいのですか？」と聞かれたのです。

聞いて、なるほどと思いました。元気な高齢者がいる家庭では、除雪は高齢者の仕事になっています。多少、足腰が弱っていても、丸一日かけて丁寧に少しずつ作業を行い、いつも綺麗に除雪されています。降り積もったばかりの雪は軽く、その都度に除雪することが、労力を無駄に使わないコツだとか。片や若い人だけの世帯は、勤務先が町外だと朝の暗いうちから出勤し帰りは真っ暗になってから。暗い中でのカチカチに凍って固まった雪の処理は、重労働なのです。それでも、時間があればよいのですが、仕事の他にも子供の送迎やらＰＴＡやら飲み会やら、若い人は忙しいのです。

正直、若者がシルバーバンクを利用するという発想は、持ったことがありませんでした。シルバーバンク規程のどこを見ても依頼主の年齢制限があるはずもないのに、できないことと思い込んでいたのです。

ですから、シルバーバンクの会員さんや座談会の参加者に投げかけてみました。シルバーバンクさんは、苦い顔をする人もいましたが、少し得意げで誇らしげでした。「分かった、受けるぞ。雪はオレたちにまかせて、若い者は頑張って稼げばいい。稼いだ金をオレたちに払えばいい」と。その、誇らしげに輝いた顔が、いいなと思ってしまったのです。

座談会に参加した高齢者たちにはおおむね好反応でしたが、中高年の方の中には強い嫌悪感を示す方もいました。「雪かきくらい自分でやらせるべきでしょうが。若い者をこれ以上甘やかしてどうするの」だそうです。

時期尚早と、その時は断念いたしました。

私の場合、時期が悪い・タイミングが悪い・受け入れる土壌が整っていないと判断した場合は、諦めが早いのです。無理強いは致しません。ですが、その構想自体を諦めることは、殆どありません。そして、実現のためには思いつく限りのアノ手コノ手を試行しますし、今が準備が整った時だと思えば、ほんの少しだけ強引になります。

シルバーバンク事業から発展させ枝分かれさせ、さらに大きくまとめて、地域に住む人たちが皆、誇らしげで輝く笑顔を取り戻すための「生きがいづくり事業」（仮称）へ。

そんな漠然とした構想があったのです。少なくとも、ひきこもり者等支援事業に着手しようと実態把握を始めた時には、形が見え始めていました。「ひきこもり者及び長期不就労者及び在宅障害者等支援事業」が対象とする年齢は、五五歳未満。何故なら、藤里社協のシルバーバンク会員の年齢は、実質五五歳以上（おおむね六〇歳以上の規程）でしたから。何度も繰り返しますが、「ひきこもり者等支援事業」は後付けの事業名で、当初は「次世代の担い手づくり事業」でした。

ですから、「こみっと」支援事業構想は最初から、シルバーバンクと協働する「こみっと」バンクが中心事業としてあったのです。そして、私が頭の中に描いていた理想の事業形態は今、大幅な軌道修正を強いられていますが、むしろ面白くなったかもしれません。

軌道修正が必要な理由の一つが、「こみっと」バンクに関する嬉しい誤算。「こみっと」バンク登録生として活躍してもらう前に、まさか、これほど軽やかに一般就職を決めて行ってしまうとは。そして、大して宣伝もしていないのに、増え続ける「こみっと」バンクへの仕事の依頼。私が思い描いていたのは、働く意欲も能力もあるのに就職に結び付かない人たちのための事業構想だったのです。

藤里町の若者がどんどん一般就職を決めて巣立っていく現状と、町外の若者からの「藤里町に行きたい」というラブコールと。何か面白そうな予感がしています。

二つ目の理由が、シルバーバンク会員の高齢化です。年金給付開始年齢が引き上げられたことや定年退職年齢が上がっていることの影響のようです。以前は五〇代後半から六〇代前半にかけての方が登録を開始して下さっていたのですが、今は六〇代の方は現役で働いている方が多く、七〇歳すぎから登録を考えて下さるのが実情です。

ですから会員数不足のまま、以前から登録して下さっていた方々が、引退したいとおっしゃるところを何とか頑張ってもらって、運営しております。

ずっと、考えていたのです。

シルバーバンク会員の方々が、もう役に立たなくなったからと引退して行き、それをただ見送ってきた自分を。現役を引退した方々の力を埋もれさせず、地域に活かして頂こうと始めたシルバーバンク事業でした。地域で困っている方々がいるから、力を貸してほしいという呼びかけに集まって下さり、地域のために頑張って下さった方々なのです。引退の理由が、自分の生活を楽しみたいというのなら、引き止めることはできないかもしれません。ですが、年を取ってもう役に立たなくなったから、望まれる仕事ができなくなったからと言われ、何も言えない自分を情けないと思っていました。

ですから、会員の若返りを図り、シルバーバンク事業の立て直し・発展といった、当然でありきたりな方向を目指すことは、やめたのです。むしろどんどん、高齢化を図っていった方が面白い、と。「こみっと」バンクの力を借りれば可能かもしれません。

そして、二年ほど前から老人クラブさん相手に、宣言して回っております。生涯現役を目指して下さい、社協はそれを全力で応援する体制を作ろうとしています。足腰が動かなくなったら手指だけでできる仕事を、手指も利かなくなったら口だけでできる仕事を提供し続ける社協を目指します、と。もちろん、まだ全然形になっていないにかかわらず、です。

三つ目の理由が、ボランティア団体連絡協議会の高齢化と弱体化。この問題に手こずって、「生きがいづくり事業」（仮称）に未だに着手できずにいるのです。

一九九四年からヘルパー養成研修事業を行い、その修了者がそれぞれの年度でボランティア団体を組織してボランティア団体連絡協議会に新規加入をしていった経緯があります。介護保険制度施行後はヘルパー養成研修を中断し、以後は職業を求めている人たちのためのヘルパー養成研修事業に変わったため、登録団体も会員も減少の一途をたどっています。全盛期には一六団体、三〇〇人以上の会員数で、社協の強力な応援団として、あらゆる事業・行事等に協力してもらってきました。現在は会員数も二〇〇人を割り、登録はしているが活動はしていない団体や会員の割合が多くなっているのです。

挑戦したのが、所属団体会員ではなく個人登録会員としても活動できるための改正。各団体の会長の高齢化で団体の活動は停滞し、若い世代の会員の中には物足りなさを感じている人もいるのです。社協本来のボランティアセンター事業として、活動したい個人登録を進めることで解決策を探ったのですが、あえなく撃沈。ボランティア団体連絡協議会のお姉さまたちがおっしゃるには、「個人の活動を認めたら、他の会員に示しがつかない」そうです。

次の挑戦が、シルバーバンク事業、「こみっと」バンク事業との三者協働による、「藤里バンク」（あくまで仮称です）構想。これは、一度は総会で承諾を得たはずが、後になし崩しに却下されました。賛成のお姉さまたちも多かったのですが、「ボランティアがお金を取るなんて、あってはならない！」の声に押されたようです。

五～六年前から、手を変え品を変えのボランティア団体連絡協議会テコ入れ作戦に挑戦する私と、受けて立つお姉さまたちとの攻防が続いております。

正直な話、お互いに分かっているのです、このままではもう、ボランティア団体連絡協議会活動がままならないことは。存続のためにアレコレ模索する私と、志を曲げてまで（綺麗な言い方をしてしまいました、この年で違うやり方を押し付けられてまで、が正解だと思います）続けたくはないし、それならやめるし解散すると言うお姉さまたちとの攻防なのです。

ですから、「これまで通りを目指す必要はないし、今、できるボランティア活動でよい。ボランティア活動を続けたい思い、地域の役に立ちたい思いがある限り、意地でも続けさせる！」と宣言している私の挑戦を、頭から否定している訳ではないのです。

そして、今、今度こそお姉さまたちの意に叶う事業構想が出来たのではないかと、ひそかに悦に入っているところです。

三つの理由を述べてから今後の方向は、という話にしたかったのですが、すでに大半の種明かしまで話してしまいました。

そうです。地域に、何か自分でもできることがしたい・役に立ちたいという思いがあれば、それを活かすことに全力を上げたいと思っています。それは、垣根のない普段着の活動で、高齢者の手助けがしたいという若者の思いかもしれないし、逆に、子育てで大変な若者を支えたいという高齢者の思いかもしれないのです。そして、対象者さえいない、町を元気にしたいという思いかもしれません。

12 「こみっと」支援の実際

「こみっと」の主な事業は①〜⑤事業です。⑥の求職者支援事業は年一回か二回のハローワーク経由の事業であり、「こみっと」登録生だけを対象にした事業ではありません。当初、**参照13**のように①から順にステップアップしていける支援を思い描いていました。

最初はまず、週一回程度のレクリエーション活動から。ひきこもりの方の多くは昼夜逆転の生活になっているから無理はさせられない。そして、楽しいメニューを揃えれば、家から出たい気持ちになるかもしれないと、卓球台・カラオケセット等を準備したり映画上映（ビデオですが）を企画したり。

「こみっと」に出てきて次のステップは、定期的に通ってもらうこと。事務所には自由に使えるパソコンも用意しました。

そして、遊んでいるだけでは物足りないと思った時には、就労訓練の場としての、お食事処「こみっと」です。月曜から金曜までのランチタイムだけの営業で、手打ちそばがメインのお食事処です。手打ちそばでも技術料は頂かない値段設定だから格安。訓練の場だから、そば打ちに挑戦したりウェイターのユニフォーム姿にチャレンジしたり、本人の希望優先だから、客が二人にウェイターが三人という光景も。

訓練では物足りず、工賃が貰える仕事がしたい人のためには、「白神まいたけキッシュ」の製造販売があります。夏は暑く冬は寒い仕事場で、丸一日の重労働です。

そこでも耐えられるなら、今度は地域に出ていく「こみっと」バンクとしての仕事。シルバーバンクと同じ仕組みで、仕事の依頼があればどこへでも、どんな仕事でも。

それができればもう大丈夫。年一回~二回実施する求職者支援事業を一般の受講生とともに受講し、二級ヘルパーの修了書を得れば一般就職も夢ではなくなる。

そんなステップアップストーリーを思い描きながら、「こみっと」の主力支援事業を企画したのは私です。ところが実際には……。

参照13 「こみっと」登録生の活動

①週１回のレクリエーション活動
↓
②パソコン
↓
③お食事処「こみっと」
↓
④白神まいたけキッシュの販売
↓
⑤「こみっと」バンクとしての活動
⇒そして、＋αの支援として
⑥求職者支援事業の実施

「ひきこもり状態にあることをして、能力が劣る方と決め付けてはいけません」などと、偉そうに得意そうに職員に説教をしていた私こそが、彼らを能力の劣る人扱いをしていたのだと、思い知らされました。それくらい、彼らは私の思惑をはるかに超えて、逞《たくま》しくしたたかで活力に溢れた人たちだったのです。

嬉しい誤算だらけでした。

楽しいレクリエーション目当ての若者は皆無でした。最初からお食事処で働き始めていた登録生たちの、週一回のお楽しみ会として開催しても不人気で、「工賃出ないし、遊びならプライベートで遊ぶ」そうで、ごもっともなお話でした。

それでも、お試しで「こみっと」に出てくる人がいればレクリエーションを設定し、できない時はパソコンで楽しんでもらうようにしたのです。ところが、そうやって必死のおもてなしをした人は、なかなか次につながらない。それなのに、忙しい最中にお試しで来た人は、おもてなしの余裕もなく「水、運んでもらえる?」とか「ネギ、刻める?」と、いきなり手伝ってもらった人は、その気で出てくるのです。「オレがいなければ困るでしょ?」。

なるほどと思いました。居場所とは、役割があって初めて居場所になるのだし、役割がないままではただのお客様かもしれないと。

お食事処「こみっと」での就労訓練は、すぐに意味不明の事業に変質していきました。そば打ちが上達した登録生Aを職員が褒め称えるのです、「プロ並みだよ、凄いね」と。期待に応えようとそば打ち修行に励むAと、Aに追い付き追い越せと頑張る登録生Bや登録生C。そんな彼らを職員は嬉しげに見守っているのです(本気ですか? ここは社会復帰に向けた就労訓練の場ですよ?)。

一般就労に向けた訓練事業のはずが、そば打ちの腕前の競い合いになり、彼らの目的はいつの間にか、目指せ「こみっと」内でのNo.1・No.2になっていたのです。

そのことを、幾度か職員に注意をしたのですが、殆ど伝わらなかったのです。「ここは就労訓練の場です。県内でそば職人募集の広告を見たことはないし、夫婦で蕎麦屋を経営しても厳しい現状下で、アナタの方針は登録生にそば打ち名人を目指させることですか？　しかも、自分勝手に始める自己流のそば打ち名人を？」。そんな指摘にもキョトンとし、「Aさんが、Bさんがアナタの息子さんだったらどうします？　アナタの息子さんに、職業訓練のために、将来につながる可能性のないそば打ちを延々と続けさせます？」。そこまで言われると反省気分は見せるのですが、改善する気はないようで「だってアノ人たちはウチの息子とは違う人たちで、それに楽しそうにやっているのだから、別に問題はないと思いますが？」。

そんな状態で、登録生は「こみっと」内の仕事を好み、畑仕事やふろ掃除等「こみっと」バンクの仕事は受けたがらなかったのです。「ボクは頭脳労働向きに出来ていて、肉体労働向きではないのです」と主張する登録生たちでしたが、「せっかくの失業期間なのだから、色々な仕事を経験できる貴重な期間なのだから、自分に合う合わないは実際にやってみてから、経験してからの話です」と、「こみっと」外の仕事に出していました。

ですが、「こみっと」バンクで仕事を始めると、依頼を断らなくなるのです。「アンタのおかげで、何とか納期に間に合ったよ」と喜ばれることの多い「こみっと」バンクの仕事、比べると

「こみっと」内の仕事は、所詮は社協さんが作ってくれた仕事なのです。役割のない居場所づくりと同様、考えさせられました。

そこでブレーキになったのが、やはり、担当の職員たちでした。

客が一〇人も入ればよい方のお食事処「こみっと」の厨房に五人の登録生を配置し、かなり割の良い・将来の就職にもつながりそうな「こみっと」バンクへの依頼を次々に断るという、不思議議なスケジュール調整。登録生が「こみっと」バンクの依頼は断らないし、どんな仕事にでも挑戦すると言っているのにかかわらず、です。

実際、登録生に様々な仕事を体験させることを優先させると、スケジュール調整は大変だということは分かっているのです。ですが、それが職員の仕事なのだと繰り返しても、その自覚が育たないのです。「はい？　○○さんの仕事ができそうな登録生がいないから、仕方ないですよ。はい？　Aならできるでしょうが、でも、お食事処が大変になりますからね」。慣れた登録生を慣れた場所に配属して、それ以外の仕事依頼は断っていれば、問題は少ないのです。職員にとって、登録生の意欲やスキルの上達に応じて、次々と配属先を変えていくスケジュール調整など、本気で実現不可能な夢物語と思っていたようです。

それ以上の誤算が、一般就労を決める人たちの多さ、でした。「こみっと」登録生になる前に求職者支援事業を受講する人たちも多く（次章で説明します）、顔や名前を覚える間もなく、就職して「こみっと」から卒業して行くのです。

そのことを、最初は喜んでいたのです。何しろ、ステップアップの最終目的は一般就労だと、特に深い考えもないままに、そう思っていたのですから。

ですが、月一回の「こみっと」定例会、回を追うごとに雰囲気が悪くなっていったのです。次は誰が就職して卒業して行くのかと、笑いながら話していたはずが、緊張で青ざめた顔で「来月こそは、就職を決めて、卒業しているつもりです！」と切羽詰った言い方。そしてやっと、そう仕向けたのが自分だと気が付いたのです。

そして、「こみっと」オープンから半年も過ぎてからの遅ればせの方向転換。「社協は支援方針を変えます。「こみっと」の目的は、卒業でも就職でもありません。それぞれが自分に適した自立を目指してください。自分にふさわしい自立の在り方が何なのかを、一緒に探していきましょう」などと、大演説をしたように思います。「こみっと」登録生の表情がほっと緩んでいました。

「こみっと」開設から五年が経過した今、職員に伝わらなかった私の言葉も、やっと届いたようです。

と言うより、開設時に関わった職員たちは皆、狐につままれたような顔をしています。何故自分が彼らを、そば打ち名人ごっこで満足している若者だと思ってしまったのかが分からない、と。

そして、自分があのまま関わり続けていたなら、彼らはそば打ち名人ごっこで満足している若者のままだったかもしれない、と。

13 求職者支援事業の成果および伴走型支援の効果

求職者支援事業の成果

ひきこもり状態の人が当社協の求職者支援事業を受講するために家から出てきて、次々と一般就職を決めていく。驚く成果でしたが、そんな成果は予期していなかったのです。

求職者支援事業はそもそも、「こみっと」支援の別枠で考えていました。福祉制度にない「こみっと」支援事業の財源確保は喫緊の課題で、予算確保のための恵みのような事業に思えました。当社協が地域の福祉人材育成のために、二〇年近く続けてきたヘルパー養成研修事業を実施すれば、逆に当社協の収入になるという夢のような話でした。しかも、「こみっと」登録生が一般就職を目指す場合、資格取得は有利な条件になるはずだと思い至り、一石二鳥を考えたのです。

ただ、調べるほどに「こみっと」支援には不可欠な事業と思うようになり、同時に、求職者支援事業実施事業所の指定を取る道の険しさも分かってきました（それほどうまい話は転がっていないのです）。条件の厳しさや難解で複雑な書類仕事の山に、何度も投げ出しそうになりながらも頑張り、頑張って良かったと思える成果を上げることができました。運営を続けることも相当に難儀な事業なのですが、何とか踏ん張っております。


ひきこもり支援において、何故、この求職者支援事業が必要不可欠なのか。ひきこもり状態の若者たちの想いを、なかなか分かってやれなかった私が、伝えきれるでしょうか。

多くの若者が、「こみっと」支援には興味を示さず、求職者支援事業には関心を持つのです。

ひきこもり生活が長く髭も髪も伸び放題で、昼夜逆転の生活で青白い顔の若者が、「こみっと」支援は厭だけれど求職者支援事業なら受けてやってもいいと言い出すのです。「今、ちょっと、暇だしさぁ」と。受講条件が厳しい上に、休めば受講資格は取り消され、ヘルパー資格の修了証書も貰えなくなる事業なのです。「分かっているって、資格が取りたい訳でもないしさ。ただちょっと、暇つぶしに受けてやってもいいかなと、思っているくらいの話だしさぁ」と。

福祉の支援を受けることには抵抗があっても（屈辱的？）、一般の人が受講する求職者支援事業になら出てもよい。精いっぱいの見栄が切なく見えて、見栄を張らせてやりたいと思ってしまうのです。

あるいは別の日に、突然電話がかかってきます。長期のひきこもり生活で、近所の人もいるらしいとしか分からず、もちろん、当社協職員が何度訪ねても声も姿も確認できない相手。情報提供のための訪問は家族経由で「別に」で、チラシ等を置いてくることに関しても「どうでもいいけど」という承諾らしき返事を頂き、拒否されていないだけのつながり。その人からの、求職者支援事業に「行こうかな」という電話。そんな勇気を振り絞っての自発的な意思表示を、無視してはならないと思ってしまうのです。

そして、彼らは求職者支援事業を受講することで結果を出してくれました。

問題は、求職者支援事業実施事業所の指定を受けて行う事業だということ。この事業は、職を求めている人・働く意欲のある人を対象にした事業だそうです。色々と指導があるのです。対象は働く意欲のある人で、就職できる可能性の高い人が望ましい。事業実施の申請のたびに就職率の高い事業所が優先され（実際に当事業所は却下される確率が高いのです）、低就職率が続けば指定を取り消されるのです（これまでは何とか大丈夫でしたが）。他事業所では、就職につながる働く意欲のある人のみを対象に実施しており、定員数に満たなければ実施を見送るところが多いそうで、私ども社協の運営の仕方は大変よろしくないらしいのです。

当社協の場合、受講希望者が一人でもいれば実施するし、定員の範囲内ならば受講希望者は原則すべて受け入れる方針。指定取り消しも覚悟の方針だから、放っておいてくれてもよいとは思うのですが……。つまり、就職に結び付かないひきこもりを受け入れて就職率を下げるのはよろしくない、ひきこもりの人を受け入れることで一般の受講生に迷惑がかかるのはよろしくない、という指導のようです。

善意の担当の方に文句を言う話ではなく、私自身が、最初から一般の人と一緒の受講は無理だという思い込みがあったのですから、人さまに文句を言う立場ではないのです。

だからこそ、ひきこもり者等に対する私の最初の思い込みは間違っていたと、今、声を大にして申し上げたいのです。

参照14の表の初年度（平成二二年）を見て下さい。受講生が一五人で、うち就職した人が一二人。その中で、当社協のひきこもり者等名簿の対象者は七人で、うち就職した人は五人。残った二人は「こみっと」に登録しました。それ以後も、ひきこもり者等が多い割には、就職率は高いので

参照14　求職者支援事業の成果

	受講者数	就職者数	こみっと登録者数
平成22年（6ヶ月）	15人 ☆（ 7人）	12人 80% ☆（ 5人）	3人 ☆（ 2人）
平成23年（6ヶ月）	15人 ☆（13人）	10人 66% ☆（ 9人）	5人 ☆（ 5人）
平成24年①（4ヶ月）	15人 ☆（ 9人）	11人 73% ☆（ 6人）	1人 ☆（ 1人）
平成24年②（4ヶ月）	12人 ☆（11人）	8人 72% ☆（ 8人）	3人 ☆（ 2人）
平成25年（3ヶ月）	9人 ☆（ 8人）	9人 100% ☆（ 8人）	0人 ☆（ 0人）

☆：家庭訪問の情報により受講に至った方の人数

す。

就職できずに「こみっと」に登録した人たちのことです。就職できなかった理由は、本人の能力不足でも性格上の問題でもないのです。ひきこもり期間が一〇年以上だったり、高卒資格もなく職歴がゼロ年だと、履歴書の段階で除かれて採用面接までたどり着けないケースが多いのです。彼らよりもはるかに能力不足で性格に難があっても、ある程度の職歴がありひきこもり期間も一～三年程度だと、すんなり就職を決めていきます。相当に読み書きや理解力に難のある人も、大丈夫でした。

就職できない理由が本人の能力不足でも性格の問題でもないとしたら、本人を鍛えてレベルアップを目指すという発想では、支援につながらないことが実感できました。従来通りの就労訓練・就労支援とは違う働きかけが必要なケースがあるようです。

そうしてみると、当社協が始めた「こみっと」バンク事業は、的を射た構想だったのかもしれません。

「こみっと」バンクが請け負った一人分の仕事は、何人がかりでも責任を持って請け負う。最初のうち、一人でできる仕事でも、チームを組んで、個人に任せることは避けています。当日になってのキャンセルはありうることだから対応できる体制を取り、請け負った仕事に穴をあけることだけは避けようと、職員やシルバーバンクも含めたチームで頑張っているのです。

社会経験の少ない「こみっと」登録生も、馴れてくると本来の力を出せるようになり、一人で対応できるようになります。そして、〇〇さんを派遣してほしいという指名がくるようになります。依頼主さんには、個人を指名するなら雇い上げてほしいと、お願いはしているのです。

そんな風に「こみっと」登録生が地域の雇用主に向けて、自分の力量や意欲等をアピールできる機会になればと、考えているのです。

一歩を踏み出した相談業務

当社協では地域包括支援センターの受託を開始した二〇〇六年から、付き添う相談支援を開始しております。

例えば、身体障害者手帳の申請の仕方が分からないと相談に来た方に、手続きの仕方を説明して窓口を紹介しても、その方の不安や悩みは解消しない場合が多いのです。ならば、その方が望むならば一緒に窓口に行き、行政の担当から一緒に説明を聞き、申請用紙を書いて提出できるまでお付き合いをする、そんな寄り添う支援があってもよいのではないかと、始めたのです。

手間が増えたかと言えば、そうでもないのです。丁寧に説明しても、相談窓口をあちこち渡り歩いて戻ってくる方が意外と多かったのですが、一回の付き添う支援で解決できるのですから。

二〇一五年開始の生活困窮者自立支援事業で伴走型相談支援が始まるようですが、常に寄り添うのではなく、要所要所で付き添うことで、効果が出た例を話しておきます。


昼夜逆転の生活や長年ひきこもっていた方が、いきなりヘルパー養成研修を主とした求職者支援事業を受講するのは、大変なことだと思います。それでも殆どの方は、開講式の日にはきちんと身なりを整えて時間通りに現れるし、遅刻や欠席もなく頑張ります。

まれに、昼夜逆転から脱却できないまま受講を開始する方もいます。その場合は職員が、前夜に「明日から始まるから早く寝て下さい」と、朝になれば「大丈夫ですか？　起きていますか？」と電話確認し、怪しいと思えば家まで迎えに行く。遅刻・欠席で修了証書が貰えないとなると受講を継続するモチベーションが格段に低下するので、一時的な過剰支援が効果的なケースもあるのです。大抵は一週間もしないうちに規則正しい生活習慣を取り戻し、アノ最初の一週間のアノヒトは別人だったのかと思うほどです。そして、特別な事情でもない限り全員が修了証書を得て、大半が就職していきます。

言い換えれば、最初の一週間を付き添うことで、自信を取り戻し、自ら歩み始めることができるのです。

ですが、本当に付き添い型の支援を必要とするのは、受講を開始してからではなく、その前だと感じています。

ひきこもり状態の方のお宅へ、当社協職員は二〜三か月に一度の新情報をお届けしております。「こみっと」通信やイベントや求職者支援事業受講生募集のチラシ等です。社会との接点が少ない方々に向けて、可能な限りの情報をお届けできればと思っております。少しお節介でしょうが、家族以外の人間・外部の人間がアナタが出てくるのを待っていますというメッセージになればと思っている、いえ、メッセージを届けることに専念するようにしております。

内部に入り込みすぎない配慮をしています。例えば、現在は特定の職員が訪問するのではなく、経験年数を積んだ相談業務の職員たちがその都度に担当先を変えて行っています。ご家族あるいはご本人の相談は、その場で受けずに改めて別の担当者が家庭以外の場所で受けるようにしています。訪問する職員は常に、メッセージをお届けする以外ではお役に立てないことを、きちんとお伝えするようにしております。

何故と聞かれても、私の経験からと言う以外になく、根拠を示せるものではないのです。

私が相談業務を担当していた頃、ひきこもりの方を訪問して中に入れてもらい・本人と話をさせてもらうまでは、割と簡単にできたのです。それからが、本人にその気があっても社会復帰は難しかったのです。ですから、こんな風に思っているのです。

ひきこもりの人が、外部の人間、しかも福祉職の人間を家の中に入れるということ自体が、何かを期待している・何かの変化を望んでいる、そんな場合もあると。自分だけでは、自分の家族だけではできなかった何かを、外部から来た人ならもたらしてくれるかもしれないという期待。

私の場合、期待されても提供できる支援策も新情報も持たず、本人や家族の話を聞いて慰める程度のことしかできず、二～三度訪問を繰り返すうちに私に対する期待感がしぼんでいくのが分かりました。個人として感謝され必要な存在になるのですが、反面、未知の人間に抱いた期待感は薄れる。「やっぱり、外から来た人でも、専門職でもダメなのか」という想いが見えるようでした。

ですから私の場合、専門職の家庭訪問は親しくなることではないと思っているし、職員にもそれを指示しています。妙な言い方ですが、専門職は期待を抱かせる未知の外部の人間として関わる方が、内部化し・家族化してしまうよりは力を発揮できると考えているのです。虐待ケースや多問題家族やひきこもりといった困難なケースほど、必要なことだと。

そして、内部化・家族化が必要なケースでは、いつでも親身になって話し相手になれる人につなげばよいと。親戚やボランティアさんや同じ経験を持つ方の方が、私たち専門職が時折の訪問で優しさや親しさを演じるより、よほど親身な相談になるし効果的だと思うのです。

求職者支援事業における伴走型支援の効果

話が少しそれてしまいましたが、情報提供のための訪問から、今度は求職者支援事業等を受講したいと意思表示した方への、伴走型相談支援の実践をお話しします。

求職者支援事業の受講のためには、まず、ハローワークへの申し込みが必要です。彼らもそのことは承知で、ハローワークへは明日行こうと思っている・来週行くつもりと、言うのです。そこで職員には、行くつもりがあるなら「じゃあ、今から、一緒に行こう」と提案してもらっています。ひきこもっていた期間、明日はハローワークに行こう、来週からはちゃんと仕事探しに出かけようと思いながら、明日も来週も来なかった人たちなのです。ですから、行きたいという意思表示を貰えた以上は付き合うべきだと思っているのです。

大抵の人はホッとした表情を浮かべるようです。そして、余計な話ですが、職員にはハローワークでの受け答えについて、入れ知恵もつけさせております。

彼らの殆どが、履歴書の空白期間を聞かれることに、それを答えることに、痛みを感じています。その空白期間に、何もしていなかったと答えなければならないことの痛さ。だから彼らに、嘘は良くないが、自分の一番痛い部分を無理矢理さらさなくても大丈夫、世の中の大人はそこまで残酷ではないことを知ってほしいのです。「何をしていました?」と聞かれて答えたくない時は、「イロイロ」で押し通せ、と。良識ある指導ではないでしょうが、ハローワークの最初の窓口では書類確認なので、横に当社協職員が控えていることでもあり、それで通して下さっているようです。

最初の一歩を踏み出してしまえば……。

実際、当社協の求職者支援事業の受講のために当社協職員の付き添いのもとでハローワークに行き、最初の高い高い難関を乗り越えると気も心も軽くなるようで、貼り出された求人票を見て挑戦したくなり、「すいません、採用が決まっちゃったもので、アレ、求職者支援事業でしたっけ？　アレはキャンセルってことで、よろしく」と、そんな人も一人二人ではなかったのです。当社協の実績にはならないのですが……。

当社協の伴走型相談支援と言うより付き添う支援の話を聞きながら、違和感を覚えた人も多いのではないでしょうか。

それって福祉の仕事？　家族がやるべきではないのですか？

本当にそうだと思うのです。求職者支援事業の講義に遅刻しないように、前の日には早く寝ろと声をかける、就職するつもりがあるならハローワークに行けと声をかける、一人で行く勇気がないと弱音を吐けば付き添ってやる。それは、家族が普通にやっていることかもしれません。

ですが、家族が支えるべきだとは思わないのです。

親子が大人と子供だった頃なら、そんな関係も問題ないでしょう。ですが、親子でも大人と大人なのです。親だから、大人になった子供が遅刻しないように気配りし続けるのが親の務め、本当にそうでしょうか？　それに、そんな親の気遣いを煩《うるさ》がって拒否する若者が多いし、それが親離れなのでしょう。それでも、大人になっても未熟な若者は、朝は起こしてもらいハローワークにも付き添ってもらうように家族に頼るべき、そうなのでしょうか？

この話は正解・不正解を決めることではないのでしょう。支援や手伝いと言うよりは、ただちょっと家族のように寄り添って見守るだけの支援で、自信を取り戻して社会に帰っていく若者たちが多かったという、ご報告だけにしておきます。

求職者支援事業を受講することの効果

求職者支援事業については、当社協ではカリキュラムに沿って淡々と事業を行っているだけで、ひきこもり者等に何か特別な支援を行ってはおりません。

それなのに、見事に変わっていくのです。「暇だから、社協の職員が煩く誘うから、暇つぶしに受講するだけ。今の生活が気に入っているし、就職するつもりはない」と言いながら受講を決めた人が、身ぎれいになると同時に活動的になり、カリキュラムの終了間際には採用面接のために髪を短く切り、せっせとハローワークに通うのです。

本当に職員は何もしていないのですが、彼らが変わる過程やきっかけは見えています。受講生仲間、特に遠慮のない私年代以上のオバサン受講生の影響は大きいです。オバサンたちにすれば同じ受講生というだけで、誰がひきこもりだったかなどと聞いている訳でもなく、かなり容赦がないのです。「アンタ、髭が汚いわよ」とか、「はっきり物を言いなさい」とか、遠慮がないのです。しかも、講義でグループワークや発表となれば、否応なく、「アンタ、若いんだから発表はアンタね」と。そして、若者たちは消極的ながら嫌がらずにオバサンに従い、自分から手伝いやエスコートを申し出る場面も増えていきます。

そして、様々な演習を繰り返すようになると。履歴書の書き方や採用面接時のお辞儀の仕方や退出の仕方等、できて当たり前の常識だと思っていた事項が、「アナタも知らなかったの？」「僕だけ知らなくて、皆、知っていると思っていた」と、お互いに言い合えるようになれば、教室の雰囲気は違ってきます。

自分一人が知らなかった訳ではない、自分だけができなかった訳ではない。そのことが実感できると、本当に変わります。分からないことを分からないと言えるようになり、そして、人に聞けるようになるのです。

職員の立派な説教や支援ではなく、受講生仲間との些細なやり取りで、彼らは自信を取り戻し、自分で成長していくのです。ひきこもり者だけを集めたカリキュラムだったらどういう結果になったのか、想像できません。

14 共同事務所と「こみっと」感謝祭

福祉の拠点「こみっと」の事務室は、社会福祉協議会の事務室ではなく、町の様々な団体が登録している共同事務所になっています。

「こみっと」の開設に向けて、一年以上も座談会や福祉大会等で事業説明に努め、あらゆる福祉関係の団体の総会等に押しかけて「こみっと」共同事務所への登録のお願いに回っていました。ですから、「こみっと」共同事務所は、老人クラブさんやボランティア団体さん、身体障害者協会さん等々、様々な団体の方が出入りする場所になっています。

また、「こみっと」感謝祭等のイベントや事業は「こみっと」登録生と「こみっと」共同事務所連絡協議会との協働事業として行っています。

相当に迷いましたが、「こみっと」は地域に開かれた場所を目指す方針とし、そのための様々な仕掛け・仕組みづくりのツールでした。

「こみっと」オープン当初は、登録生よりもご家族が戸惑ったようです。家から出ても、社協が世間の好奇の目から守ってくれる、そんなイメージがあったのでしょう。ところが「こみっと」は、地域のうるさ型が毎日出入りする場所だったのです。

匿名性が保てる都市部だったら、そんな選択肢もあったかもしれません。ですが、人口三六〇〇人余りの町で、匿名性を保つことはできないのです。「こみっと」に出入りしているというだけで、地域からは色眼鏡で見られるはずで……。いえ、どんな条件だろうが、守ってやりたくても守り切れるはずはないのです。家から出して、ひっそりと優しい心配りに守られた仲間だけが集うサークルのような活動も考えましたが、行き詰まる気がしたのです。家から出るのに勇気を振り絞り、くつろげる仲間が出来てから今度は地域に出ていく勇気を出さなければならない。だったら、家から出るという、とてつもない勇気を出したその時に、そのまま地域デビューができれば、そんな思いがありました。

ご家族は戸惑ったようですが、本人たちに違和感はなかったようです。社会生活から離れていた分、社協職員だからボランティアだからシルバーバンクだからという区別はなかったようで、

「こみっと」前での「こみっと」感謝祭

家の中の家族か家の外の他人かの違い、つまり家の人でなければあとは同じだったのかもしれません。いえ、「こみっと」で出会う様々な人を、区別する余裕もなかったのだと思います。

支援する者・される者の区別なく、ともに集える「こみっと」を目指したのですが、それ以上になっているのかもしれません。

そもそも、共同事務所の登録団体の方々には支援している意識はないようです。ボランティア団体さんが時々、ボランティアをさせてくれないと愚痴を言っているくらいですから、どなた様も「こみっと」支援に関わっている意識はないのです。

無料の会議室で役員会を開き、終わればお食事処「こみっと」で、うどんかそばを食べて帰る、それだけ。総会の資料を印刷するために、ちょっとしたコピーを取るために共同事務所に立ち寄る、それだけ。

登録生にしても、特に支援されている意識はありません。それどころか、コピー機の使い方で迷っている老人クラブさんの手助けをしたり、団体さんが使った会議室の掃除をしたり。時々、「こみっと」に出入りする、顔見知りの人たちで、それ以上でも以下でもないようです。

それは凄いことなのだと、仕掛けた私は一人で悦に入っているのですが、その凄さに誰も気付いてくれません。

例えば、ひきこもり支援事業は若者を甘やかすだけだから賛成できないとおっしゃる老人クラブさんが私に言うのです。「あの若者、仕事を探しているそうじゃないか。あんな良い若い者を放っておかないで、ちゃんと応援してやりなさい」と。だから私はひきこもり者等支援事業をと言いかけるとお叱りを受けます。「アンタは、あの真面目で一生懸命な若者を、ひきこもり扱いする気か」と。そこで私は、老人クラブさんたちが登録生の応援団になっていることは確かだから、良いことだと思うことにしました。

ひきこもり支援には関わっていないと言っているボランティアさん。地域に「こみっと」を知らない人がいれば、まずは手打ちそばを食べてみればよいと、お食事処に連れてきてくれます。登録生にとっては、何よりもありがたい応援だと思うのですが。

社協がやっているひきこもり支援は、よく分からないとおっしゃる民生委員さん。町内外の人に聞かれれば『ひきこもり　町おこしに発つ』の本を読めと勧めてくれます。ウォーキングを始める巨漢で髭面の「こみっと」登録生を不審者と噂する人がいれば、「こみっと」登録生だから大丈夫と請け負い、お食事処「こみっと」に連れてきてくれるのです。

そんな応援団のおかげで、「こみっと」登録生は「こみっと」の外・地域にも居場所が広がっているのです。それは、私たち職員が逆立ちしてもできないコトだと思うのです。

登録生の方も、「人が怖い」という言い方をする人が多いのですが、しつこく「ボランティアのAさんは怖い？」「老人クラブのBさんは怖い？」と聞いてみると、「あの人は口煩いけれど（厳しいけれど）いい人だよ」というお答え。この私でさえ怖いAさん・Bさんが怖くないとなれば、十分に世の中を渡っていけると思うのですが。

凄いことだと思いませんか？

声高に「支え合い・助け合うココロが大切です」などと、言い歩いた訳ではないのです。ただ、

「こみっと」という互いを知り合える機会と場所を作っただけなのです。

それがいつの間にか、特別な善意ではない支援、自然体のままで、お互いが自分にできる支援を（応援を）始めているのです。

15 「こみっと」支援の特徴と効果

「こみっと」支援とは少し離れますが、私が相談員業務に就いていた頃の話です。小地域ネットワーク活動事業の担当として、一人暮らし高齢者支援事業を行っていたことは話したと思います。

ある一人暮らし高齢者Aさんの近所に住むBさんに言われました。Aさんは自ら好んで一人暮らしをしているのだ。息子の言いなりになりたくなくて、自分の我を通して一人で暮らしているのだと。自分の場合は、自分の我を殺して、息子に従い嫁に気を遣って家族のためと頑張っているのだと。ガマンを通してきた自分がガマンをしないAのために、ワガママを押し通して生きてきたAのために、一人暮らしで年を取ったからと言って、何故Aの面倒を見なければならないのか分からない。いや、協力しないという話ではないのだが。

そう言いながらBさんは、悔し涙をこぼしていました。私の方は、ただ聞いているしかできませんでした。一人暮らし高齢者支援をしていると、Bさんのような言い分の方が多かったのです。昔からの付き合いで、一人暮らし高齢者がすべて性格の良い人でもないし、近隣の善意を当たり前と思う人もいない訳でもないのです。

一〇年後にそのBさんが、声をかけてくれたのです。自分も年を取って不安もあるが、社協がいるから大丈夫と思っているのだと。「あのAのために、アンタ、私にまで頭を下げて頑張っていたものね。だから、思うんだよ。あのAでさえ、社協さんは見捨てなかったんだから、私のことも、絶対に最後まで見捨てないだろうって。そう思えるから、不安でも大丈夫だよ」。

そしてやはり、Bさんのような言い方をしてくれる人たちも、いつの間にか増えていたのです。嬉しかったのです。どんな仕事も投げ出さずに続けてきて良かったと、心から思うことができました。

以来、Bさんの言葉を、その時のBさんの晴れ晴れとした表情を、繰り返し思い出して心に刻んでいるのです。

ワガママで自分勝手なAさんを支援する気になれないし、不自由な一人暮らしになったのも自業自得だろうと同情する気にもなれない。でも、不人情と言われたくないから、ガマンして協力はすると言っていたBさん。ガマンした自分がいたから、ガマンさせた社協がいたから、一〇年後に、自分の老後を不安ではなく大丈夫と思えるのだと。
とても不思議でした。一〇年前の想いが、思いがけない実を結んで帰ってくる地域福祉という仕事が。

地域は残酷な面もあるけれど、優しくもなれるのですね。

ですから今、「こみっと」支援として頑張っていることがどこにつながるのかは分かりませんが、頑張ったことは決して無駄にはならないと、そう思っているのです。

それが多分、「こみっと」支援の基本で特徴になるのだと思います。そして成果は？　地域福祉推進の未来につながるかもしれない、つなげたい、そんな期待と希望を何点かならべてみます。

そばを打つ「こみっと」登録生

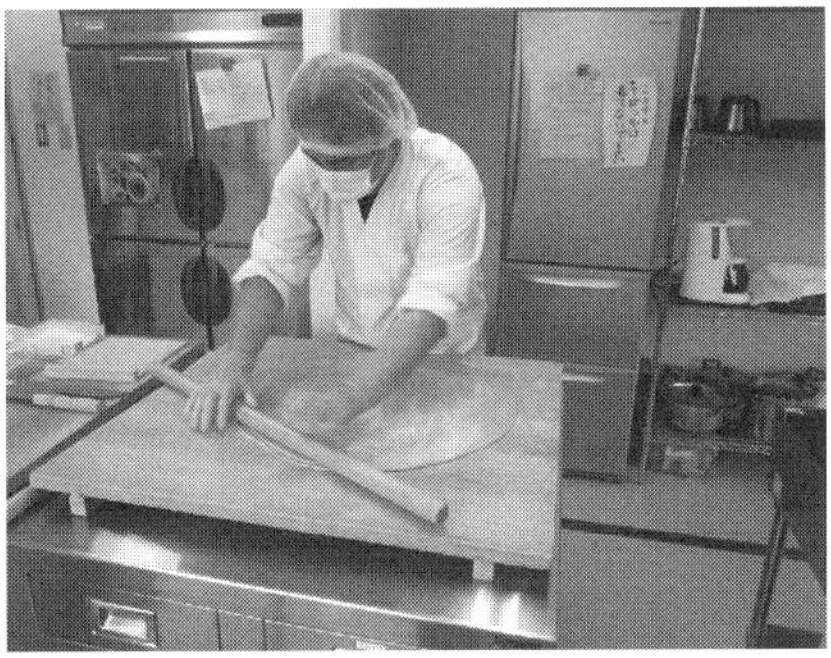

お食事処「こみっと」からの展望

手打ちそばをメインにしたランチタイム限定営業のお食事処「こみっと」は、何とか細々と営業を続けております。

メインを手打ちそばから讃岐うどんへの転換を図っている所です。ここでも問題は人手不足。何しろ、人手は余っているのに仕事がないという構図を想定しての、手打ちそばだったのです。いつも人手が足りない所に、視察研修に来て下さった団体客の特別メニューの注文が入ると厨房は大わらわで嬉しい悲鳴を上げています。団体客相手の手打ちそばは想定外でした。

限りなく手打ちに近いうどんが作れる讃岐うどん製麺機に出会い、清水基金の助成を得て、「讃岐生まれの白神育ち・こみっとうどん」（私が勝手に使っている、このネーミングは不評です）の誕生も間もなくです。

この製麺機が本格的に稼働を始めれば、様々な可能性が広がると、決めております。

藤里町の特産品「白神まいたけキッシュ」にかけた期待

ひきこもりだった人たちで藤里町の特産品を創って売り出す。その発想は、本人たちにとって

キッシュを販売する「こみっと」登録生たち

インパクトが強かったようで、やればできるという自信にもつながっています。

「白神まいたけキッシュ」ののぼりを立ててイベントなどに売り出しに歩く時は、誇らしげです。

売り出した初年度に四五〇万円を売り上げた時は、本人たちはピンと来なかったようですが、地域の方たちに強力なインパクトを与えたようです。この小さな田舎町で四五〇万円の売り上げ？「こみっと」支援が、気の毒で可哀そうな子たちを支援しているイメージからガラリと変わりました。ひきこもっていたとはいえ、体格も立派なら口も達者な若者たちで、そんな若者が揃ってやる気を出せば何でもできるのだと、見方を変えた人が多くなったのです。「こみっと」で、こんな商品開発に取り組んでみないか、とか、事業化できれば面白い仕事があるのだが、とか。従来の社協では考えられなかった話が持ち込まれるようになっています。

「こみっと」バンクの展望

現在の状況は、やはり人手不足。仕事の依頼はあるのに登録生の数が増えず、仕事の依頼をお断りすることも起こっております。

この「こみっと」バンク事業が地域と連携して、来年度から大きく化ける予定ですが、残念、今はまだ発表できる段階ではないです。

ほんの少し話せるとすれば、厚生労働省の補助金を得て、「生活困窮者」ではなく「生活困難者の力を地域づくりに活かす事業」に取り組んだ事業が一つのヒントになっています。二〇一三年から二年間、取り組んだ事業です。

縛りがきつく独自の裁量が認められない求職者支援事業に対抗して、藤里町社協独自の社会復帰訓練カリキュラムを作成してしまおう、それも思いっきり独自色を出した楽しいカリキュラムをと考えたのですが、少しばかり楽しみすぎたかなと反省している所です。

何しろ講師はすべて藤里町でお仕事を頑張っている人たち、りんどう畑の農家さんに、居酒屋さん、印刷屋さん、葬儀屋さん、散髪屋さん等々の講師陣を揃えての社会復帰訓練カリキュラムなのですから。

楽しみながら、色々な可能性を考えていました。例えばソーシャルファームの発想。家族経営の小規模農家さんには限界がある、でもそこで、「こみっと」バンクのような福祉側とタイアップできれば、農繁期に必ず人手を確保してもらえるのならば、作付面積を格段に増やすことも可能になるのです。農家さんに限定する必要もなく、そんなウィン-ウィンになれる関係を、探る機会にもなりました。

「こみっと」登録生の力（パワー）が、地域に活力をもたらす原動力になる。そんな夢物語を、ただの夢に終わらせたくないと、思っているのです。

そして、福祉の拠点「こみっと」の行方

正式名称は「ひきこもり者及び長期不就労者及び在宅障害者等支援事業」です、とは申し上げました。しかも、対象者が分からなくなっている、とも申し上げました。ですが、それ以上に対象そのものも事業そのものも、私の想像を超えているのです。そして、地域の「ひきこもり支

援」の見方も大きく変わってきております。

「こみっと」開設前に、地域に「こみっと」利用対象者がいないか聞いて回った時、「ひきこもりはいない」「そんな不名誉な人はいない」という反応があったと、先の章で話したと思います。「こみっと」オープンから五年がたった今は、まるで違います。職員が求職者支援事業のチラシを持って回ると、「確か○○さんの娘さん、一〇日くらい前に仕事を辞めて帰って来ているはずだから、声をかけるといいわよ」と。一〇日間はひきこもりにも長期不就労者にも該当しないのですが……。

ここ二年ほどは、登録生なのかボランティアなのかよく分からない人が、時折一人二人と、短期間ですが通っております。

例えば、高校は卒業したけれど就職がまだ決まらないから、就職が決まるまで「こみっと」に通わせたいと、お母さまからの依頼。短大を卒業見込みだけれど、四大を受け直すか就職するか決められないので、しばらく「こみっと」に通いたいと、ご本人の申し込み。

いつか遠い未来に、「こみっと」のような場所があちこちに出来て、そんな利用の仕方ができるようになればいいと、夢見てはいましたが……。

16 再考・「ひきこもり」支援は必要ですか？

そこで再び、「ひきこもり」支援は必要かどうかの話に戻ってみます。

「ひきこもり」支援は不必要と主張する方たちの言い分として、「ひきこもり」という甘えを助長してはならないという意見がありました。「甘えの助長」という見方には、高齢者層の「若者のだらしなさや甘えの問題は家庭の問題」という考え方が根底にあったように思います。同じ「甘えの助長」を許せないという見方でも、「自分より恵まれている人を支援する必要はない」という考え方の存在もお話ししたと思います。

そこでふと、思ったのです。

「甘えの助長」。一般の人、いいえ、福祉職自身が、それが福祉と勘違いしているのではないかという疑問です。弱者だから「甘えの助長」を認めるべきという立場が福祉だ、と。

「甘えの助長」や「特別な善意」など、福祉の対象者自身がまったく望んでいないとしたら、とても怖いことだと思うのです。いいえ、対象者自身が望んでいるとは思えません。少なくとも、私が出会った人たちはそうでした。欲しいのは当たり前の支援で、受けるべき権利。特別な善意や甘えの助長ではないのです。

私の考えすぎでしょうか？

ただ、そう考えると、地域の不可解な反応や、言葉が通じない職員の反応が、思い返せば納得できるモノに変わるのです。

すべての勘違いは、相手が自分とは違う弱者だと思う所から始まるのかもしれません。

一人暮らし高齢者交流会。自分は、ただ座って誰かが作ってくれる昼食を待つのは居心地が悪いと感じるけれど、それを楽しみに思う自分とは違う誰かがいるはずだと、思うのは何故なのでしょう。

サロンづくり。七〇歳の人も、八〇歳の人も、自分は違うけれども、サロンを楽しみにする自分ではない誰かがいるはずだと、思うのは何故なのでしょう。

「こみっと」のひきこもり等支援事業。同じ年頃の自分の息子なら見向きもしないレクリエーションや、訓練とも呼べない訓練事業を、喜ぶ若者がいるはずだと思うのは何故なのでしょう。

福祉職自身が弱者支援は特別な善意だという思い込みから離れない限り、一般の人からは単なる「甘えの助長」支援にしか見えないのかもしれないと、思っている所です。


そうした、まだまだ試行錯誤の私どもの実践の話から、ひきこもり支援が必要か不必要か、皆さまそれぞれの思いがあったと思います。私どもはあくまでも実践者で、必要か不必要かを論じる者ではありません。

ただ、私どもは「こみっと」事業を行って良かったと、今は心から思っていることを申し添えておきます。

おわりに

――弱小社協が始めたひきこもり支援が日本を変える可能性に向けて――

福祉制度が、特定の弱者を対象者と定めることは、致し方のないことと思います。

ですが、地域の方が地域でより良く暮らすための地域づくりを目指す地域福祉実践現場が、それに倣う必要はなかったのです。地域で暮らす人たちを、支援が必要な弱者と支援を提供する支援者と色分けをしてきたことが、奇妙な思い込みや誤解を招いてきたのかもしれません。

ですから、地域の皆さまが現在《いま》の幸せを感じるための一歩は、地域福祉実践現場がその思い込みや誤解から脱することだと、思うようになりました。

私は最初に、福祉職として色々な不幸を目にする機会が多かったことを話しました。お金のない不幸、病気に苦しむ不幸、年を取って体力も気力も記憶力も衰えていく不幸、障害を抱える不幸等と。

その発言は間違いだったと、訂正します。

不幸ではなく、不便という言い方に替えさせてください。お金がないことの不便、病気にかかることの不便、年を取ることの不便、障害を抱えることの不便。そして、それらの不便を抱えることは、不幸であることと同じではないのだと。

だから、地域で暮らす上での不便を支援すると考えれば、もっとずっと分かりやすくなる気が致します。地域福祉の対象者は地域に住む人すべてで、支援する側も地域に住む人すべて。その考え方も、現実的に聞こえます。と言うよりは、そんな当たり前のことに、今頃になって気付いたのです。

不況が続いたとはいえ、日本はまだまだ富める国なのです。福祉制度もそれなりに充実していると、言ってもよいはずです。民主主義国家の中で、能力の違いや運の良し悪しがあり、富める国の中で貧富の差があるのはどうしようもないことで、私たちの力が及ぶ所ではないかもしれません。

そんな状態でもやはり、私たちはもっともっと、富める国の国民としての幸せを享受できるはずだと思うのです。

何故、多くの人が幸せを享受できずにいるのか。

職務の中で私は、普通をキープできていると思っている人たちの中に、弱者の側にいない自分に安どしている人たちの中に、支援する側にいられる自分に満足している人たちの中に、抱えている不安や不幸を見てしまうのです。

いつお金がなくなるか分からない不安。いつ病気になるかしれない不安。いつ失業者という負け組に振り分けられるかしれない不安。その不安こそが、今の幸せを享受できない要因の一つに思えます。

私が考えているのは、小さな一歩です。

その昔、「一人の不幸も見逃さない運動」として始まったはずでした。それが何故か、不幸な人を見逃さない運動になり、特定の気の毒で不幸な人を救ってあげる運動になった。ですから、その担当者だった私は、「一人の不幸も見逃さない運動」ではなく、「一つの不便も見逃さない活動・自分が住む地域をより快適に暮らせる町に変えるために」として見直せばよいと、そんなことを考えているのです。

皆さまもどうぞ、日本を変えていくための活動にご協力下さい。

不幸な人を救う活動ならば、対象は、自分より不幸な人でなければ許せない。その思いはごもっともで、聖人君子か、それともそれを仕事としている人以外は、普通に抱く思いなのでしょう。

ですが、地域の様々な不便を支援する活動だとしたら、いきなり協力する気にはならないまでも、どんなことになるのか、少しは見守ってもよいとは思いませんか？　そのことは必ず、自分が不便を感じる立場になった時に、気軽に利用できる支援があるという、少しばかりの安心につながるのです。少しだけれど揺るがない安心。それがどれほどの効力をもたらすのか、どうぞお試し下さい。

どうか皆様がお幸せでありますように。

二〇一五年四月

菊池まゆみ

■著者略歴

菊池まゆみ（きくち　まゆみ）

1990年4月　社会福祉法人藤里町社会福祉協議会入社
2002年4月　同事務局長就任
2014年4月より　同常務理事兼上席事務局長

資格等

社会福祉士・精神保健福祉士・主任介護支援専門員

藤里町社会福祉協議会での主な活動

『ひきこもり町おこしに発つ』（秋田魁新報社，2012年）刊行

NHK「クローズアップ東北」「おはよう日本」「クローズアップ現代」，日本テレビ「ニュースゼロ」，秋田魁新報・毎日新聞・共同通信・福祉新聞・公明新聞等で，ひきこもり者等支援事業等の取り組みが取り上げられている。

2012年度秋田県社協会長表彰，全国社協会長表彰を受賞
2013年度日本地域福祉学会地域福祉優秀実践賞受賞
2014エイボン女性年度賞受賞

「藤里方式」が止まらない　〈市民力ライブラリー〉
——弱小社協が始めたひきこもり支援が日本を変える可能性？——

2015年4月30日　初版第1刷発行

著　者　菊池 まゆみ
発行者　白 石 徳 浩
発行所　有限会社 萌《きざす》　書　房
〒630-1242　奈良市大柳生町3619-1
TEL（0742）93-2234 / FAX 93-2235
［URL］http://www3.kcn.ne.jp/~kizasu-s
振替　00940-7-53629

印刷·製本　共同印刷工業・藤沢製本

ISBN978-4-86065-094-0